EDITORA DO CONHECIMENTO

Auxiliando a humanidade a encontrar a Verdade

Cyrne, história de uma fada

O trabalho dos espíritos da natureza e o mundo invisível

Roger Feraudy
Da Academia Petropolitana de Poesia Raul de Leoni e
Academia Neolatina e Americana de Artes do Rio de Janeiro

Cyrne, história de uma fada

O trabalho dos espíritos da natureza e o mundo invisível

Cyrne, história de uma fada

O trabalho dos espíritos da
natureza e o mundo invisível

Roger Feraudy

CONHECIMENTO EDITORIAL LTDA
www.edconhecimento.com.br
conhecimento@edconhecimento.com.br
Caixa Postal 404 – CEP 13480-970
Limeira – SP – Fone: 19 3451-5440

Revisão:
Mariléa de Castro
Paulo Gontijo de Almeida
Projeto Gráfico:
Sérgio Carvalho
Ilustração da capa:
Mário Diniz

ISBN 85-87619-92-1
2ª Edição – 2003

• Impresso no Brasil • *Presita en Brazilo*

Dados Internacionais de Catalogação na Publicação (CIP)
(Câmara Brasileira do Livro, SP, Brasil)

Feraudy, Roger
Cyrne, história de uma fada: o trabalho dos espíritos da natureza e o mundo invisível/ Roger Feraudy. — 2ª ed. — Limeira, SP : Editora do Conhecimento, 2003.

ISBN 85-87619-92-1

1. Espiritualismo 2. Ficção espírita I. Título II. Título: O trabalho dos espíritos da natureza e o mundo invisível.

03-1995 CDD – 133.93

Índices para catálogo sistemático:
1. Ficção mediúnico : Espiritismo : 133.93

Roger Feraudy
Da Academia Petropolitana de Poesia Raul de Leoni e
Academia Neolatina e Americana de Artes do Rio de Janeiro

Cyrne, história de uma fada

O trabalho dos espíritos da natureza e o mundo invisível

2ª edição
2003

EDITORA DO
CONHECIMENTO

Obras de Roger Feraudy publicadas pela Editora do Conhecimento:

A TERRA DAS ARARAS VERMELHAS
Uma história na Atlântida (1999)

CYRNE
História de uma fada (2000)

A FLOR DE LYS
Nos bastidores da revolução francesa (2001)

O JARDINEIRO
Uma fábula moderna (2003)

BARATZIL, A TERRA DAS ESTRELAS
Nossa herança atlante e extraterrestre (2003)

UMBANDA, ESSA DESCONHECIDA
Umbanda esotérica e cerimonial (2004)

O CONTADOR DE HISTÓRIAS
João Só e a rosa azul (2005)

ERG - O DÉCIMO PLANETA
A pré-história espiritual da humanidade (2005)

UM ANJO ESTÁ NAS RUAS
Não estamos sós! (2006)

Esta história poderia ser real, porque todos os conceitos nela emitidos são verdadeiros.

"A todos aqueles que procuram realçar o Divino nos outros e em toda forma de vida."

Dorothy Maclean

"Sobre a nudez forte da verdade, o manto diáfano da fantasia."

Eça de Queirós

Sumário

Introdução

Ricardo Bonina ficou algum tempo, o pensamento perdido no passado, olhando absorto aquele envelope branco, subscritado em letras regulares e fortes com o nome do remetente: Theodoro Buckman. Seu velho amigo Theodoro, que após quase vinte anos de silêncio dava o ar de sua graça. Permaneceu Ricardo, embalado por lembranças gratas, com o envelope fechado nas mãos, enquanto quadro a quadro desfilavam pela sua mente as várias recordações de uma sólida amizade, interrompida pelas alternativas da vida, que na grande maioria das vezes separa sem querer convivências tão estreitas.

O professor Theodoro, grande filósofo, autor de vários livros conhecidos e traduzidos para diversos países, que privara de sua intimidade por anos a fio, de repente, sem um motivo aparente, se retirara da vida pública e do seu convívio para se isolar, longe de tudo e de todos, adotando vida misantrópica, num sítio localizado nos confins do estado do Rio de Janeiro. Notícias? Nenhuma, nesses longos vinte anos. Salvo um cartão de Natal, invariavelmente remetido todo ano, que Ricardo respondia. No mais, foram longos anos de silêncio completo, restando para Ricardo as boas lembranças de uma amizade fraterna.

Foi pois com assombro que naquele dia, 12 de março de 1977, Ricardo segurava ainda, sem conseguir abrir, a carta do seu amigo. Tendo estranhos pressentimentos, com um movimento rápido de dedos aflitos, Ricardo rasgou o envelope na beirada e retirou uma folha de papel fino, onde se agrupavam as letras escritas a mão, na caligrafia regular do professor Theodoro.

Cantagalo, Sítio Primavera, 8 de março de 1977

Meu muito querido e inesquecível amigo Ricardo:

Te suplico, em nome de nossa velha amizade, que venhas sem demora para o meu sítio, se possível ainda hoje.

Theodoro

A carta, ou melhor, o bilhete, estava datada de três dias atrás, sem maiores detalhes ou explicações, mas podia-se notar pelo seu laconismo que havia uma certa gravidade. Assim pensou Ricardo, pois olhou para o relógio de pulso que marcava dez horas da manhã e quase sem refletir arrumou umas poucas roupas numa valise e cheio de apreensões pegou seu carro rumando para o sítio do professor.

— Uma desgraça, Dr. Ricardo — disse Madalena, a governanta do professor, mal esse entrara no grande salão térreo do sítio— encontrei ontem o Dr. Theodoro morto no seu escritório. Que bom que o senhor tenha vindo!

Ricardo, meio abobalhado com a notícia, sentou-se pesadamente num sofá.

— Como foi que isso aconteceu? — conseguiu perguntar.

— Não sei, senhor — respondeu a governanta enxugando os olhos. — Podiam ser oito horas da manhã quando entrei no escritório. O professor estava caído no chão junto à escrivaninha. Sobre o tampo da secretária, um envelope endereçado ao senhor. Depois de chamar seu médico e tomar outras providências, me apressei em enviar a carta, que, folgo em saber, o senhor recebeu.

— Theodoro andava doente? — perguntou Ricardo, depois de ouvir em silêncio o relato da governanta.

— Não. Não se queixava de nada, embora ultimamente andasse muito esquisito.

— Esquisito?

— Muito. Pouco falava e passava a maior parte do tempo trancado no escritório escrevendo.

Ricardo, ainda abalado com a notícia, quis saber de mais detalhes.

— Me diga, Madalena, o professor ultimamente não procurou um médico, não lhe disse nada?

— Nada, Dr. Ricardo.

— O que disse o médico que você chamou?

— Que foi um ataque do coração.

— Que eu saiba — disse Ricardo — embora não estivéssemos juntos há longos anos, o professor tinha uma saúde de ferro.

— É o que também sempre pensei — disse a governanta fungando e esfregando os olhos.

— Mas você disse esquisito; esquisito como, Madalena?

— Ele, às vezes, costumava conversar comigo. Determinações quanto à ordem da casa, pagamentos e recebimentos para fazer e mesmo falava quase que diariamente a respeito do senhor, quando não de suas teorias e descobertas, embora desse assunto eu não entendesse nada, mas mesmo assim ele gostava de falar, ele mesmo perguntando e respondendo diante do meu silêncio. Porém, de um ano para cá, quase nem prestava atenção a minha presença e contas, pagamentos e recebimentos ficavam a meu cargo. A impressão que eu tinha é que o professor vivia em um outro mundo, sem dar a mínima atenção ao que estava a sua volta.

— Estranho — disse Ricardo — o professor sempre gostou de ter ouvintes. Era, em geral, um grande falastrão.

— É o que penso, senhor. Ele parecia um autômato, olhar vago, perdido num ponto imaginário, totalmente alheio.

— Pobre amigo — conseguiu dizer Ricardo.

— O importante é que o senhor está aqui.

— Um tanto atrasado — disse Ricardo com tristeza na voz.

— O professor deixou um grosso envelope lacrado para o senhor. Já vou apanhá-lo num instante.

— Espera, Madalena, que dia foi o enterro?

— Ontem no fim da tarde, por determinação do médico.

— Por que a pressa?

— Não sei, Dr., também achei esta medida muito estranha.

— Ele deixou, além desse envelope para mim, mais alguma coisa?

— Não sei, Dr. Só encontrei em sua mesa de trabalho o envelope que lhe enviei e o grosso envelope lacrado que ia buscar.

Ricardo ficou algum tempo em silêncio, olhando para o chão. Madalena saiu da sala voltando momentos depois com um grosso envelope pardo nas mãos.

— O senhor pernoita aqui? — perguntou a governanta entregando a Ricardo o envelope.

— Não sei dizer, Madalena, confesso que tudo isso me deixou um tanto confuso. Essas notícias me pegaram de surpresa.

— Esteja à vontade, Dr., enquanto mando preparar um café para o senhor. Ou prefere outra coisa?

— Um café bem forte está bem.

— Com sua licença — disse a governanta retirando-se.

Ricardo ficou entregue aos seus próprios pensamentos, sopesando o grosso envelope em suas mãos. Foi interrompido pela entrada na sala de Madalena trazendo um bule fumegante de café.

— Já providenciaram tudo com o advogado do Dr. Theodoro? — perguntou Ricardo, servindo-se de uma grande xícara de café.

— Já, Dr. O testamento será aberto logo mais à tarde. Espero que o senhor possa estar presente, de vez que o professor, que eu saiba, não possui nenhum parente vivo.

— Vou ficar — disse Ricardo sorvendo um grande gole de café.

— Vou deixá-lo à vontade, se precisar de alguma coisa é só me chamar — disse a governanta saindo.

Ricardo abriu o envelope. Dentro havia uma carta endereçado a ele e um grosso caderno de capa dura. Ricardo começou a ler a carta e foi gradativamente arregalando os olhos de espanto.

Cantagalo, Sítio Primavera, 20 de fevereiro de 1977

Querido amigo Ricardo Bonina:

Quando leres estas linhas já não mais estarei pertencendo ao mundo dos vivos. Sinto que o sopro de vida que ainda existe em mim se esvai lentamente e contra isto nada posso e nada quero fazer.

Meu testamento, que será lido após minha morte, determina que todos os meus bens imóveis, ações, rendimentos de direitos autorais sobre livros publicados e também autorização devida para novas edições ficam inteiramente a teu favor. Tomo esta soberana decisão para que todos a cumpram, em plena posse de minhas faculdades mentais.

Toda essa pequena fortuna agora te pertence, com a condição única, que a qualquer hora e tempo meu advogado Dr. Roberto Cruz fará cumprir, de que passes a prover a subsistência de meu único sobrinho, Carlos Augusto Buckman Paiva, filho também único de minha irmã que reside no estado do Paraná.

É meu desejo que além da parte financeira, agora a

teus cuidados, também dirijas, orientes e cuides pessoalmente da educação do menino, agora com 10 anos incompletos, quando da morte de minha irmã. Em síntese, quero que sejas um pai para essa criança. Dos detalhes, meu advogado já possui as instruções complementares.

Lê com toda a atenção o diário anexo, porém rogo ao bom amigo que jamais dê publicidade aos fatos que nele são narrados. Certo que cumprirás o que nessa hora te peço e absolutamente tranqüilo quanto a tua fidelidade a uma amizade tão sólida e antiga, despeço-me com gratidão e afeto.

Teu desventurado amigo

Theodoro Buckman

Ricardo releu outra vez a carta e já se preparava, ainda assombrado com seu teor, para começar a ler o grosso caderno de capa dura, quando entrou na sala o advogado do professor, acompanhado do escrevente do cartório local.

PARTE I
O diário do professor Theodoro

Capítulo 1

Cantagalo, Sítio Primavera, 10 de maio de 1976

Relato fiel das experiências extraordinárias vividas por mim, Theodoro Buckman, em plena posse de minhas faculdades mentais.

Depois de haver atingido o ápice de minha carreira e ter conquistado todas as glórias terrenas que um ser humano pode almejar, fiz um meticuloso balanço de minha vida e só encontrei um vazio imenso, que concluí ser toda a minha existência. Faltava algo, não sabia bem ao certo, alguma coisa que preenchesse este vazio enorme de uma vida, que achava agora ter sido inútil.

Quando me encontrava no clímax dessa confusão mental, sem saber ao certo que caminho tomar, encontrei por acaso (seria mesmo acaso?) o professor Masteros, que começou a me falar de coisas que julgava jamais existirem.

Nosso primeiro encontro casual foi no inverno de 1970. Nunca poderei esquecer tudo aquilo que me falou e como que uma explosão aconteceu em meu espírito conturbado. Uma luz acendeu-se no fundo do túnel e eu, ávido desses novos conhecimentos, segui destemidamente em direção desta nova claridade.

Um novo e admirável mundo abria-se para mim e pouco a pouco, todos os dias, Masteros me falava horas a fio das coisas do espírito, do mundo oculto e da importância da evolução das almas que fazem sua peregrinação por este planeta.

Estávamos juntos diariamente e Masteros burilava meu aprendizado, conseguindo fazer de mim um novo homem. Foi quando vendi minha propriedade no Rio e comprei o sítio Primavera em Cantagalo, retirando-me completamente da vida pública. Masteros considerava-me com base suficiente nos assuntos esotéricos e passou a vir semanalmente ao sítio, onde ficava por dois ou três dias, me orientando na parte teórica e ministrando-me exercícios específicos de ioga e outras correntes do conhecimento oculto.

Vivendo uma vida contemplativa e dedicada inteiramente a esses novos conhecimentos, atingi um estágio que agora posso considerar de ampla liberdade do espírito e já começava a caminhar por meus próprios passos, sem a ajuda de Masteros, para as descobertas do maravilhoso mundo invisível.

Na parte referente aos problemas materiais, tive o prestimoso auxílio de minha governanta, Madalena Meireles, que já privava de minha companhia e intimidade por mais de 25 anos. Esse auxílio foi fundamental, pois pude me dedicar integralmente à vida interior sem maiores preocupações com os cuidados do sítio, no que se refere a sua gerência, da casa e recebimentos e pagamentos das contas, ficando todos esses problemas por conta dessa extraordinária auxiliar.

Com meu progresso, pude prescindir desse grande amigo e Mestre, Masteros, e prossegui percorrendo os difíceis e intrincados caminhos da evolução espiritual. Encontrava-me em fase de gozo permanente, alheio a outras questões e inteiramente voltado para essa nova fase de minha vida.

Quando recebi a notícia da morte desse querido amigo, compreendi que devia continuar os meus estudos sozinho, e prosseguir pela estrada luminosa que ele me ensinara a trilhar.

A morte, esse mistério inexorável que a nós todos aflige, já não tinha o mesmo sentido que outrora se me afigurava e, no íntimo do meu ser, aceitei como natural essa separação na matéria. Masteros, para mim, continuava agora mais vivo ainda, com a diferença apenas que não mais privava comigo em corpo material. Minhas novas concepções eram mais seguras, sabia o que fazia, de onde havia vindo e para onde iria. Seguramente entendia que morte e vida eram apenas antípodas de uma mesma realidade. Estados de consciência existentes nos múltiplos estados conscienciais que existem no Universo. Creio mesmo que a morte de Masteros foi o ponto de partida da grande aventura que passei a vivenciar. Foi o início da pesquisa que pude fazer no "mais além", naquilo que os homens entendem por outra vida, ou melhor, a vida além da morte. Com isso, não quero dizer que me interessasse por espiritismo, ou fenômenos mediúnicos. Não. Minha pesquisa partiu dos próprios conhecimentos adquiridos e das potencialidades que existem dentro de todos nós, mas adormecidas por nossa ignorância.

Foi no outono do ano de 1976 que tudo começou...

Cantagalo, Sítio Primavera, 12 de maio de 1976

Começou o dia como todos os outros, quase que uma repetição constante desses dois últimos anos.

Me levantei, como de costume, às 6 horas da manhã. Fiz meus exercícios de respiração ioga, dediquei uma hora para meditação, desci do meu quarto para o desjejum constante de coalhada, mel de abelhas e gérmen de trigo com leite. Já por dois anos seguia estritamente o regime vegetariano. Após o ritual diário, me dirigi aos fundos do sítio onde existem várias árvores frutíferas e vegetação abundante. Todos os dias, invariavelmente, fazia esse percurso e sentava-me à sombra de uma frondosa mangueira, deixando meu espírito divagar, concentrado em temas que havia estudado no dia anterior.

Foi quando as vi. Eram cinco ou seis que voluteavam em torno de uma roseira que ficava bem na minha frente. Eram fadas, esses seres etéricos que bem poucos viventes tiveram a graça de ver.

Mantive-me o mais quieto possível, respiração suspensa, observando esses pequeninos seres tão formosos de forma e de graça. Procurei adequar minha visão etérica, focalizando firmemente as cenas. Quatro fadinhas voavam silenciosas em volta da roseira, banhando seus corpos ágeis e delicados no aroma que se evolava das rosas. Minha visão etérica, agora enfocada e direcionada, pôde perceber os mínimos detalhes dessa operação, um verdadeiro banho na essência aromática das flores.

Eram as fadas delicadas de corpo, esguias, embora suas estaturas não ultrapassassem os 12 centímetros. Pele rosada, cabelos alourados e longos indo até a cintura, asinhas arredondadas e diáfanas, olhos de um azul cintilante, testa ampla cingida por uma fita dourada que se amarrava na nuca, de onde descia verdadeira cascata de cabelos finos e brilhantes. Usavam um vestido transparente de tom azulado, apertado na cintura por faixa larga de tecido em outro tom de azul.

Foi quando uma delas, talvez percebendo minha presença, voou em minha direção e postou-se, flutuando no ar, bem perto do meu rosto. Procurei manter minha serenidade e elevei minhas vibrações ao máximo.

A fada me fitou com seus brilhantes olhos azuis e numa voz minúscula de acentos modulados me disse num meio sorriso:

— Sou Cyrne.

— Theodoro — eu respondi, procurando manter um timbre de voz o mais baixo possível.

— Que faz um humano em nossa terra?

— Terra?

— Sim, nós também possuímos uma terra, como também temos uma raça — disse Cyrne, pairando imóvel no ar.

— Raça? — perguntei espantado.

— Somos as fadas da superfície, da raça latino-americana.

— Que interessante! — consegui dizer.

— As fadas, como os humanos, se grupam em comunas nos diferentes locais do planeta. Por conseguinte, existem fadas de várias raças.

— E todas são assim belas como você?

Cyrne não pareceu insensível ao meu elogio, pois adotando uma postura ainda mais graciosa me respondeu:

— Todas são lindas, porém para cada raça ou região do planeta diferem na coloração da pele.

— Como assim?

— Na Irlanda, minhas irmãs possuem uma coloração esverdeada, na Índia e territórios africanos são de coloração escura, quase negras, na Europa variam de coloração conforme o local que habitam; teríamos assim fadas azuladas, avermelhadas e amarelas de um tom vivo na Ásia.

Fiquei por alguns segundos pensando e Cyrne, que não tirava os olhos de mim, disse de repente:

— Tenho que ir; adeus, humano.

— Espere, Cyrne — eu disse atropeladamente, não querendo que terminasse aquele interessante diálogo — poderíamos conversar outra vez?

— Quem sabe? Talvez amanhã — e volteando sobre si mesma juntou-se ao grupo, indiferente a nossa conversa e, como que um sopro de vento que passa muito rapidamente, sumiram todas no vazio do ar.

Cantagalo, Sítio Primavera, 14 de maio de 1976

Voltei no dia seguinte pela manhã, ansioso por um segundo encontro com a fada Cyrne.

O sol acabara de levantar no horizonte e eu já me encontrava debaixo da mangueira, a cabeça povoada de muitas indagações, esperando, coração acelerado. Pretendia fazer quantas perguntas pudesse, disposto a estudar a fundo a vida, os hábitos e a comunidade das fadas.

Não sei bem ao certo quanto esperei. O sol já ia alto e nenhum sinal de minha nova amiguinha. Para minha decepção a manhã passou por mim sem maiores novidades. As fadas simplesmente não apareceram.

Cantagalo, Sítio Primavera, 16 de maio de 1976

No quarto dia de espera infrutífera, aconteceu de repente. Num abrir e fechar de olhos, Cyrne estava em minha frente, com um sorriso travesso nos lábios delicados.

— Bom dia, humano — disse, pairando estática no ar.

— Por que não me chama de Theodoro? Afinal já somos amigos — eu disse à guisa de cumprimento, também sorrindo.

— Bom dia, Theodoro — repetiu Cyrne.

— Bom dia, Cyrne. Por que não veio nesses três dias?

— Não sei, talvez ainda tenha algumas dúvidas. Talvez ainda não esteja totalmente acostumada com as emanações vibratórias dos humanos.

Ajeitei-me melhor, apoiando as costas no tronco da mangueira.

— São assim tão ruins as vibrações humanas? — perguntei.

— São desarmônicas. Nos afetam muitíssimo, causando-nos repulsão.

— E minhas vibrações?

— São de amor — respondeu Cyrne, mudando de posição, solta no ar.

— Folgo em saber. Podemos então ser amigos?

— Sim, se é seu desejo.

— Poderia fazer algumas perguntas?

— Todas que quiser.

Animei-me com a resposta e pude notar com minha visão etérica que havia uma grande harmonia, um equilíbrio entre eu e o pequeno ser alado. Mentalmente enumerei as perguntas e comecei a crivar Cyrne das indagações que ruminara durante três dias.

— Você não possui um corpo denso e sim etérico, dessa forma pode esse veículo ser lesado ou atingido por algum agente externo?

— Não — respondeu Cyrne. — Embora nossa estrutura corpórea possa ser atingida ou atravessada por qualquer coisa, não se produz dano algum.

— Quanto à dimensão da forma, ou melhor, por que se apresentam aos humanos, que podem vê-las, em uma estatura tão reduzida?

Cyrne riu. Um riso cristalino, repleto de tons agradáveis aos ouvidos.

— É nossa estatura natural — respondeu — embora quando queremos nos apresentemos com uma altura igual ou maior que a dos humanos.

Cyrne pareceu nesse momento se iluminar de um brilho rosado e, então, começou a modificar sua forma e em questão de segundos estava ali em minha frente, medindo mais ou menos 1 metro e 60 centímetros.

Olhei estupefato aquela moça tão linda. Parecia não pisar no chão e pousando uns dedos delicados na minha testa disse com voz suave:

— Viu como é fácil?

— Você pode conservar essa estatura por muito tempo?

— Algum tempo — respondeu Cyrne com um sorriso triste.

— Quanto tempo? — insisti.

— Alguns minutos.

— Por que esse assunto lhe traz alguma tristeza? Notei pelo seu sorriso triste.

Cyrne não respondeu de pronto. Parecia interessada em seu novo aspecto.

— Talvez.... talvez porque os espíritos da natureza, bem no íntimo de seu ser, queiram parecer com os humanos.

— Se é esse um desejo oculto, por que se afastam tanto de nós?

— Porque os humanos não vivem em harmonia com a natureza — foi sua pronta resposta.

— Eu procuro viver em harmonia com todos os seres da natureza. Por que só agora tive o privilégio de vê-la?

— Porque tudo acontece na hora exata, nem antes nem depois. Porque chegou o momento certo.

— Só por esse motivo? — insisti.

Cyrne começou a diminuir de tamanho e num ápice voltou às dimensões anteriores. Custou algum tempo para me responder e havia algo de indecisão em sua voz, quando afinal me disse:

— Porque... porque acho que seu interesse por nós é sadio. Não vejo malícia, nem tampouco outros interesses egoísticos no nosso relacionamento.

— Fico muito feliz de ter uma amiga como você. De fato, meu interesse é conhecer para poder compreender. Para ser um servidor de todos os seres da Criação e para meus atos e pensamentos serem sempre de equilíbrio constante e amor para com os reinos da natureza.

Cyrne sorriu. Seu rostinho de formas delicadas pareceu

resplandecer de luz; volteando sobre si mesma, disse:

— Adeus, Theodoro, meu novo amigo. Amanhã à mesma hora, neste mesmo lugar, voltaremos a conversar.

Outra vez o mesmo fenômeno aconteceu, Cyrne simplesmente sumiu no ar.

Cantagalo, Sítio Primavera, 17 de maio de 1976

— Bom dia, Theodoro — disse Cyrne, que já me esperava nessa manhã no seu ponto predileto: o galho sinuoso da roseira.

— Bom dia, Cyrne — eu cumprimentei. — Vejo que hoje foi você quem me esperou. Fico satisfeito em saber que nossa amizade cada vez mais se estreita.

Cyrne pousou suavemente na grama a poucos centímetros de meus pés e começou a crescer rapidamente até atingir uma estatura normal.

Essa transformação sempre me causava espanto e devo ter arregalado os olhos numa expressão de estupor, pois Cyrne me sossegou pousando por alguns segundos suas delicadas mãos em meus ombros. Seus olhos azuis faiscavam e seu rosto inteiro resplandecia de luz.

— Meu amigo — disse — ainda temos muitas coisas para dizer. Você foi liberado por nossa rainha para conhecer alguns segredos da natureza e detalhes de nossa vida em comunidade.

— Rainha?

— Sim, Theodoro, assim como a comunidade dos homens possui um dirigente, nós também, de acordo com cada local em que vivemos e cada raça, possuímos uma dirigente que é nossa rainha.

— Quem escolhe esta rainha?

— Ninguém escolhe. Ela já vem para a vida dos espíritos da natureza como rainha.

— Você quer dizer, nasce como rainha?

— Não, Theodoro, as fadas não nascem nem morrem.

— Como assim?

— Já surgimos no mundo etérico, vindas do seio da alma grupal no mundo astral, conscientes de nossas funções. Ou melhor, surgimos já perfeitamente formadas no nosso mundo, tais quais os insetos que vêm à luz morfologicamente completos.

— Que interessante! — consegui dizer, no auge do assombro.

— Uma fada — continuou Cyrne — aparece no mundo etérico já com todos os seus deveres e tarefas a serem executadas.

— A rainha também?

— Claro, essa regra jamais mudou ou mudará.

— Se vocês não nascem, também não devem morrer, por isso eu pergunto: quanto tempo de vida tem uma fada?

— A vida é infinita. Não conhecemos aquilo que vocês entendem por morte. Quando a energia acumulada em nossa forma etérica se esvai, pouco a pouco a matéria sutil de que é formado nosso corpo começa a se desvanecer, até que essa mesma energia passa para o plano seguinte, o mundo astral, entrando em nossa alma grupal. Passamos assim de um mundo para outro sem interrupção, pois nossa vida é eterna, ou melhor, tem a duração da própria evolução da vida em uma cadeia planetária.

— Mas isso é assombroso — consegui dizer. — Então, Cyrne, as fadas em sua organização comunitária possuem uma dirigente, uma rainha, à qual todas prestam obediência e não nascem nem morrem como os outros viventes. Está correto, ou não entendi direito?

— Razoavelmente correto — respondeu Cyrne. — Se você observar bem, tudo na natureza manifestada se comporta dessa maneira. Vida e morte são meros antípodas de uma mesma realidade. A forma é mutável, aparece e desaparece, a vida é imortal. O que muda, o que se transmuta, são apenas estados de consciência.

— Mas você falou nas funções que as fadas executam. Que funções são essas?

Cyrne pareceu ignorar essa minha nova pergunta, pois começou a diminuir gradativamente de tamanho. Quando chegou à sua altura normal, parada no ar a poucos centímetros dos meus olhos, respondeu:

— Amanhã à mesma hora, Theodoro — e indiferente aos meus protestos para prolongar aquele diálogo tão interessante, deu por terminada nossa conversa, desaparecendo.

Cantagalo, Sítio Primavera, 18 de maio de 1976

— Hoje você prometeu que falaria a respeito das funções que uma fada exerce — disse, iniciando o dia, tão logo a minha amiguinha apareceu.

— É verdade — disse Cyrne, expressão marota no seu rostinho de linhas perfeitas — e para poder falar sobre esse assunto, precisamos primeiro situar as diferentes espécies dentro de um reino.

— Reino?

— Sim, o reino elemental, do qual fazem parte os espíritos da natureza.

— Podia me explicar melhor?

— Tem havido uma grande confusão em nossa nomenclatura. Em primeiro lugar, nossa denominação correta é elemental, de vez que somos os espíritos dos elementos — ar, água, terra, fogo e éter.

— É então errado chamarmos de espíritos da natureza?

— Não — respondeu Cyrne — não chega a ser errado; porém, o mais correto seria elemental.

— E o que são elementares?

— Elementares são pensamentos-forma, artificiais criados,

com existência no mundo astral.

— Penso que agora ficou esse assunto mais claro. Os elementais são os espíritos da natureza e os elementares são artificiais, pensamentos-forma.

— Exatamente — disse Cyrne. — Quanto à nomenclatura de cada reino elemental existe ainda confusão maior. Alguns humanos chamam de fadas todos os espíritos da natureza, quer sejam da terra, do ar, da água, do fogo ou do éter.

— Quais seriam os nomes corretos?

— Comecemos pelo elemento éter. Os elementais que atuam ali são as Sílfides, tendo como corpo mais denso o astral. Depois vêm os do elemento ar e temos então os espíritos das nuvens e os Silfos. No elemento água, encontramos uma grande variedade que são: as Ondinas, Sereias ou Nereidas, Iaras e Calungas ou bebês-d'água. No elemento terra temos: nós, as Fadas da superfície, as Ninfas, os Peris, os Djins, os Elfos, os Goberlinos, os Gnomos, os Duendes e os Homúnculos. No elemento fogo vivem as Salamandras.

— E cada um deles tem uma função específica? — perguntei, no auge do assombro.

Cyrne sorria com aquele seu jeitinho brejeiro.

— Numa outra oportunidade virei falar sobre cada um desses elementais, pois isso é um assunto um tanto longo; o que posso dizer no momento é que de uma maneira geral os elementais equilibram vibrações. Por exemplo, nós as fadas transferimos a energia vital, prana, proveniente do Sol para a intimidade dos vegetais. Retemos em nossos corpos essa energia para transferi-la conforme as necessidades.

— Quer dizer que a função de uma fada é nutrir e equilibrar o desenvolvimento do vegetal a ela afeito?

— Sim, essa é uma das nossas funções. Fazemos isso em harmonia perfeita com o espírito do elemento.

— Espírito do elemento?

— Sim, Theodoro, em cada árvore, cada planta, cada montanha, enfim, onde há vida existe um espírito do elemento.

— Como assim?

— Enfoque sua visão etérica nesta roseira bem a sua frente — disse Cyrne, virando-se.

Procurei adequar minha visão etérica para o que a fada me propusera e pude ver a forma vaga e vaporosa de um ser delgado, com feições quase humanas. Sua coloração era idêntica às rosas brancas, de um brilho pálido, diáfano e dos dois pontos escuros, seus olhos, parecia sair um facho esbranquiçado de luz. Seu corpo delgado envolvia toda a roseira.

— Como é bela a natureza! — consegui dizer.

— Os espíritos dos elementos não podem se locomover, por esta razão os elementais fazem a provisão de todas as suas necessidades. Provisão magnética e vibratória, é claro.

— Se bem compreendi, vocês são responsáveis pelo planejamento morfológico de todas as plantas?

— Não, Theodoro, acima de nosso reino existem os Devas, que vocês chamam de anjos. Para cada espécie do reino vegetal há um Deva que planifica, coordena e dirige toda a estrutura, desenvolvimento e evolução da espécie a ele determinada. Assim também para os outros reinos, mineral e animal.

— Creio que agora compreendi melhor o que você vem ensinando. As fadas providenciam o alimento-energia necessário a cada planta e o Deva planifica o que será a planta. Correto?

— Sim; porém, há uma harmonia vibratória perfeita entre o espírito do vegetal e o Deva. Por sua vez um equilíbrio perfeito entre as fadas e o espírito do elemento.

— E o Deva responsável pelas várias espécies de cada reino obedece a alguma entidade superior?

— Sim — respondeu Cyrne — o Deva responsável por cada

uma das espécies executa seu planejamento inspirado no plano maior de um Deva superior. Eu explico — disse a fada, observando meu ar de incompreensão. — O Deva responsável, por exemplo, por essa roseira à nossa frente é um Rupa-Deva, ou melhor, um Deva com forma, um corpo de matéria astral. Por sua vez ele está subordinado a um Arupa-Deva, ou melhor, um Deva sem forma no mundo mental, que no interior de sua essência já traz o plano completo de como será essa roseira em seus mínimos detalhes. O Rupa-Deva executa em comunhão com o espírito da roseira e nosso pequeno auxílio.

— Sem dúvida, é um trabalho perfeito — consegui dizer, entre surpreso e maravilhado com essas explicações.

Fiquei absorto, pensando por alguns instantes em tudo aquilo que a fada me dissera, enquanto Cyrne trocava de posição no ar. A pergunta da fada me tirou de dentro dos meus próprios pensamentos.

— Satisfeito, Theodoro?

— Ainda não, Cyrne, tenho tantas perguntas para fazer!

— Pois faça!

— As fadas dormem?

Cyrne riu.

— Não, quando o Sol se esconde nos agrupamos, segundo cada raça, para ouvir as instruções de nossa rainha e depois economizamos energia, ficamos quietas e tranqüilas até o nascer de nova aurora.

— Por que vocês começam a trabalhar ao nascer do Sol?

— O Sol é nosso alimento e fator principal da vida. A vitalidade do Sol é por nós aproveitada para a vitalidade do elemento que cuidamos.

— Como podem fazer isso?

— Não podemos retardar ou acelerar esse fluxo vital, energia solar prânica; desse modo, colocamo-nos em harmonia com o vegetal que cuidamos e conforme o caso aceleramos ou retardamos essa energia. Se o vegetal necessita de mais energia, suprimos esta falta através da modificação de nosso ritmo vibratório.

— Ritmo? — perguntei.

— Sim, Theodoro, nós não vemos a natureza como vocês humanos. Nós podemos visualizar a corrente energética que flui do Sol e percorre o interior do vegetal. Quando cuidamos de uma árvore, arbusto ou qualquer planta, nos colocamos junto delas e então adequamos nosso ritmo vibratório com o ritmo da planta. Nós, as fadas, é que damos o ritmo adequado a cada vegetal. Há uma diferença de visão entre as fadas e os homens. Nós vemos a vida; vocês, humanos, a forma. Cada vez que me coloco em frente dessa roseira — disse Cyrne, indicando-a com um leve movimento de cabeça — sei qual o ritmo necessário que devo dar para sua higidez perfeita, acelerando ou retardando o prana, através das minhas próprias vibrações.

— Tudo isso é incrivelmente novo para mim e confesso, Cyrne, de uma perfeição e beleza incomparáveis.

Notei que Cyrne várias vezes olhava para trás, como se visse ou escutasse alguma coisa. Minha suposição estava certa, pois Cyrne se despediu.

— Até amanhã, Theodoro, tenho ainda muito trabalho a fazer.

Cantagalo, Sítio Primavera, 24 de maio de 1976

Faz quase uma semana que não vejo a minha amiguinha, embora todo dia pela manhã fique à sua espera no lugar costumeiro.

Uma inquietação começa a tomar lugar em meu coração.

Terá Cyrne ido embora? Verei outra vez a pequenina fada?

Cantagalo, Sítio Primavera, 29 de maio de 1976

Cheguei hoje bem cedo ao local costumeiro. Ansioso, a mente povoada de muitas indagações, fiquei ali sentado, esperando. Parecia que os minutos não passavam, até que uma brisa suave bafejou meu rosto e em poucos segundos materializou-se à minha visão etérica Cyrne com seu sorriso travesso.

— Por que demorou tantos dias? — perguntei, sem ao menos saudá-la.

— Muitos afazeres — foi a resposta — mas o importante é que estou aqui novamente. Muitas perguntas hoje?

— Muitas — respondi, acomodando-me melhor no chão. — Você prometeu que falaria a respeito de todos os espíritos da natureza que existem.

— Realmente, prometi.

— Estou esperando impaciente, estes dias todos, por suas explanações.

A fada mudou de posição, parecendo que procurava uma postura mais cômoda.

— Em primeiro lugar — começou Cyrne — para cada um dos cinco elementos existe um grande ser, um Maha-Deva dirigente.

— Quais são esses cinco elementos?

— Os que já enumerei. Elementos ar, água, terra, fogo e éter.

— Não seriam, Cyrne, sete os elementos?

— Exatamente, Theodoro, porém dos elementos manas e anupadaka pouco sabemos.

— Quais são esses grandes Devas?

— Regendo o elemento terra temos o senhor Kshiti, para o elemento água o Senhor Varuna, para o elemento ar o senhor Pavana, para o elemento fogo o Senhor Agni e finalmente para o elemento éter o Senhor Indra.

— Evolutivamente, esses grandes seres estão acima dos

Arupa-Devas?

— Eles são Arupa-Devas e comandam e regem não só outros Arupa-Devas como todos os Rupa-Devas e, por sua vez, todos os elementais da natureza.

— Quais são as funções de cada um dos elementais destes cinco elementos?

A fada permaneceu alguns segundos em silêncio; estava pensativa e só depois de algum tempo me respondeu:

— Comecemos pelos elementais do éter, que são os mais evoluídos. As Sílfides. Sua aparência é humana, porém muito mais bonita e seu corpo brilha envolto por uma névoa opalescente. Sua inteligência é muito superior à das outras espécies de espíritos da natureza. Devido a poderem ler os pensamentos humanos, torna-se muito mais fácil a comunicação com elas, embora exista uma grande dificuldade em vê-las, pois seus corpos são muitos sutis. O progresso evolutivo das Sílfides é atingir o estágio de Devas, por essa razão elas servem esses seres, ajudando-os em seu trabalho e colaborando na obra dos Lipikas, que são os registradores e distribuidores da lei do Carma.

— Quer dizer então que os elementais também possuem uma linha de evolução?

— Claro, Theodoro, tudo no Universo manifestado evolui para um determinado fim.

— Qual seria, ou melhor, como se processa a evolução dos diferentes elementais?

— Por ora, vamos definir as funções que os elementais exercem na natureza, mais para diante voltaremos a falar sobre esse assunto.

Vendo que Cyrne não queria falar no momento sobre a linha de evolução dos elementais, perguntei:

— Fale-me então sobre as tarefas que os espíritos da natureza executam.

— No plano geral, quanto às funções dos elementais posso dizer que existem no Universo numerosas "artérias e veias", na falta de um símile melhor, que transportam a energia vital, prana. Os Arcanjos, Arupa-Devas, são os transformadores e transmissores dessa energia; os Anjos, Rupa-Devas, são os receptores e os espíritos da natureza são os últimos receptáculos dessa carga energética, retendo-a o maior tempo possível em seus corpos etéricos para depois descarregá-la e liberá-la na contraparte etérica da natureza, que é assim vitalizada, tornando toda substância maleável a fim de poder ser modelada.

— Como é interessante e ao mesmo tempo maravilhoso o trabalho de vocês! — exclamei.

— No elemento ar — continuou Cyrne — vamos encontrar os Silfos e os espíritos das nuvens, que podemos chamar de Nereidas do ar. Esta classe de elementais são os escultores da natureza. Os espíritos do ar iniciam o trabalho de escultura, os da terra finalizam o trabalho, são os derradeiros modeladores da forma. Este trabalho é executado em auxílio ao pensamento universal planejador, atuando nos campos de energia gerada pelo impacto da força criadora, que se exprime como som, sobre a matéria fecundada capaz de responder a esta energia. Esses espíritos da natureza sentem imenso prazer em mover-se, dançar e voar ao longo das linhas de força, dentro dos campos de energia, linhas de força estas que fazem os mais variados desenhos geométricos no éter, molde e matriz de todas as formas. Este movimento dos espíritos do ar acentua estas linhas no éter, tal qual faz um lápis ao riscar várias vezes uma folha de papel.

— Não entendi muito bem o que você quer dizer com impacto da força criadora que se exprime como som.

— O Verbo Universal — respondeu Cyrne — se manifesta em variados acordes que surgem como força e luz. Cada acorde é uma idéia Divina, um arquétipo imutável nos mundos superiores. Estes arquétipos por sua vez ressoam seus "Verbos" retransmitindo nos mundos inferiores a força-verbo original. Campos magnéticos são ali estabelecidos, a matéria é atraída para eles e com o auxílio de elementais de várias classes são modeladas as formas evolucionais. Você não ouviu falar da experiência da placa de vidro contendo areia fina, que quando vibrada pela corda de um violino esticado, a areia sobre a placa forma vários desenhos geométricos?

— Eu conheço a experiência — respondi admirado.

— Então, Theodoro, o som é uma força criadora, capaz de formar na matéria maleável e responsiva formas variadas.

— Mas isso tudo é fantástico! — exclamei.

Cyrne, indiferente ao meu entusiasmo e interrupção, prosseguiu:

— Os Silfos estão associados às ventanias, tempestades, furacões, tufões, enfim, todo e qualquer movimento do ar. Sua forma é a humana, um pouco inferior em estatura. Possuem grandes asas ligadas ao corpo dos ombros aos pés e sua coloração é muito variada, pois encontramos Silfos azuis, verdes e roxo-pálido, fluindo do seu corpo energias douradas e em forma de pequenas chamas. Os "espíritos das nuvens" são uma escala de transição entre o elemento água e ar.

Nesse instante, Cyrne ouviu qualquer coisa, inaudível para mim, pois sem ao menos se despedir desapareceu no ar.

Cantagalo, Sítio Primavera, 30 de maio de 1976

— Bom dia, Cyrne — eu a saudei e sem mesmo esperar resposta, fui logo perguntando: — Ontem você, falando sobre os Silfos, referiu-se a tufões, tempestades, furacões, etc. Não são estas turbulências fatos lesivos à natureza?

— Não, Theodoro, esses acontecimentos que você classifica de lesivos nada mais são do que excesso de energia acumulada em determinadas regiões. Eu explico — disse Cyrne vendo meu ar de incompreensão — quando há um excesso de energia em áreas do planeta que ficam próximas aos chacras terrestres, e isto é facilmente verificável pois existem regiões sujeitas a estes cataclismos e outras não, é necessário que se proceda a uma descarga energética, para a normalização dos campos de energia no etérico. Os Silfos veiculam através de seu trabalho esta redistribuição da energia vital, descarregando-a.

— Acho que agora posso entender melhor como trabalha a natureza.

— Hoje eu vou falar sobre os elementais da água — disse Cyrne, iniciando nosso diálogo.

— Já não é sem tempo; desde ontem, quando você interrompeu o assunto, fiquei curioso demais e, confesso, quase não dormi esta noite, ansioso por novos conhecimentos.

Cyrne fez uma pequena pausa, aumentando ainda mais minha expectativa.

— No elemento água encontramos as Ondinas que vivem nos mares, cascatas, lagos, rios e cachoeiras, as Nereidas que habitam os mares e as nuvens e os Bebês-d'Água que vivem nas praias e à beira-mar. Estes são os principais espíritos da natureza das águas, de vez que existe nesse elemento uma variedade enorme.

— Nessa grande variedade, que você afirma existir, cada um deles possui um nome específico?

— Não, Theodoro. Em primeiro lugar, todos esses nomes foram dados pelo próprio homem, pois nós mesmos identificamos cada classe do reino elemental pela vibração, som e cor de cada espécie. Em segundo lugar, existe em cada elemento uma variedade infinita de espíritos da natureza e seria necessário, segundo os parâmetros humanos, para catalogá-los todos, um conhecimento maior e melhor da totalidade dos elementais existentes, tarefa que me parece quase impossível.

— Você disse som e cor?

— Exatamente, Theodoro, e mais uma vez repito: como vemos a vida e não a forma, podemos "ver", este é o termo, a vibração conjunta de cada classe e conseqüentemente sua cor fluídica.

— Ah! Entendo!

— Por isso, eu uso para cada classe de elementais os próprios nomes que os homens adotaram.

— Fale sobre as Ondinas — pedi.

— Nos rios, cascatas e lagos encontramos as Ondinas que se comprazem em brincar nas águas ora calmas de um lago ou de um rio, ou nas tempestuosas corredeiras e cascatas. Seu trabalho principal é reter a energia vital o máximo possível, para depois descarregá-la na vida vegetal ao redor e na profundidade das águas. Existem Ondinas de várias espécies e tamanhos. Umas têm 15 centímetros de altura, outras 30 e as mais evoluídas atingem 1 metro e 60 centímetros. Estas apresentam a cabeça ornada por uma coroa de flores, são muito belas e seus corpos nus são extremamente delicados, apresentando uma aura de tonalidade esverdeada. Os cabelos são longos, terminando abaixo da cintura e no rosto lindíssimos olhos grandes e luminosos.

— As Ondinas são aladas? — perguntei.

— Algumas possuem asas áuricas, pequenas, impróprias para voar, se fosse essa a finalidade.

— Quer dizer que as Ondinas vivem apenas na superfície das águas?

— Não, Theodoro, elas podem atravessar as rochas ou pedras próximas às cachoeiras, rios ou lagos, descem às profundidades da água e também elevam-se no ar a grandes alturas.

— E as Nereidas?

— Umas vivem na superfície do mar, outras em sua profundidade e ainda outras nas águas das nuvens. Não quer dizer, porém, que uma Nereida que habita o mar, o oceano, viva apenas no seu interior ou superfície. As Nereidas podem voar para além do seu elemento, água, e se transladar para outros sítios, ou ainda para os rios, cachoeiras e lagos. Variam muito de estatura e podemos encontrar Nereidas de porte médio e pequeno, variando das de 30 centímetros de altura às de 1 metro e 60 centímetros, mais ou menos. Por não estarem esses elementais em permanente contato com os homens, não possuem tanta aversão às suas vibrações, porém o relacionamento com elas é bastante difícil, de vez que ignoram quase que completamente a presença dos seres humanos.

— E os que você donomina de Bebês-d'Água?

— São pequeninos elementais de pouco mais de 5 ou 6 centímetros que vivem nas marés e na beira das praias.

— Os espíritos elementais possuem sexo?

Cyrne pareceu não compreender muito bem a minha pergunta, pois pediu que repetisse. Quando atingiu o sentido de minha pergunta, mais por influência telepática do que por minhas palavras, riu.

— Não, Theodoro, todos os espíritos da natureza são assexuados, embora apresentem um corpo etérico masculino ou feminino.

— Isso era uma coisa que me intrigava bastante — eu disse.

— Amanhã continuaremos — disse Cyrne, despedindo-se.

Eu fiquei ali sozinho por um bom espaço de tempo, refletindo em tudo aquilo que a fada me dissera nessa manhã.

Cantagalo, Sítio Primavera, 3 de junho de 1976

Durante três dias não vi Cyrne. Embora esses dias servissem para avaliar e estudar tudo quanto a fada me revelara, um misto de vazio, frustração e saudade tomou conta de todo o meu ser. Já faziam parte da minha vida aqueles encontros pela manhã. Foi com inquietação e ansiedade que a encontrei no quarto dia de ausência.

— Bom dia, Theodoro — disse Cyrne, tão logo me aproximei do local costumeiro. — Sentiu muito minha falta?

— O que você acha? — respondi com outra pergunta.

— Saudade ou falta de mais informações a respeito dos elementais?

— Ambas — respondi sorrindo e acomodando-me na minha posição predileta.

Cyrne parecia nessa manhã muito feliz. Volteava no ar sobre si mesma, adotando várias posições graciosas, e depois de brilhar intensamente, expelindo setas de luz etérica de coloração dourada, começou lentamente a crescer até a altura de uma moça normal. Suavemente sentou-se ao meu lado na grama e como se esta transformação fosse a coisa mais normal do mundo começou a falar:

— Muitas perguntas hoje?

— Muitas, embora fujam ao tema que você abordava na última vez que estivemos juntos. As fadas possuem algum tipo de diversão?

— Nos divertimos muito — disse Cyrne, séria. — Gozamos com a luz do sol e elevamo-nos no ar em perseguições imaginárias, dançando na luz solar, nos embriagamos com o perfume das flores, e sentimos imenso prazer em balançar nos galhos e folhas das plantas orvalhadas. Nos aproximamos das crianças e brincamos com seus pensamentos, que são formas puras criadas, nos movimentamos por entre elas, criando enredos e histórias que passamos a vivenciar.

— Quer dizer que além das funções importantes que exercem sobra ainda tempo para as diversões? — perguntei.

— Mas claro, Theodoro. Vivemos em permanente felicidade porque sentimos a vida em toda a plenitude e quando se pode compreender a essência da vida e do viver fazemos todas as tarefas com muita alegria. Você nunca sentiu a alegria de estar vivo?

— Nunca encarei a vida e o viver por este prisma; porém, agora que você abordou este ângulo do assunto, acho que realmente vida e alegria se combinam de forma efetiva.

— Quem tornou complicada ou difícil a existência, os humanos ou a vida? — perguntou Cyrne.

— É verdade — concordei, lembrando quanto nós mesmos temos colocado de barreiras e empecilhos em nossa existência.

— Por outro lado — continuou Cyrne — o lema de todas as fadas é: o trabalho é uma diversão e a diversão um trabalho. Amamos aquilo que fazemos, por isto fica muito difícil responder sobre o que é trabalho ou diversão.

— E a rainha? Qual é sua posição na comunidade das fadas? — perguntei, depois de alguns segundos de silêncio.

— A rainha comanda — respondeu Cyrne prontamente — a rainha dá as tarefas que devemos executar e depois verifica o resultado do trabalho de cada uma de nós.

— Um dia poderei conhecer sua rainha?

Cyrne ficou pensativa alguns instantes e depois respondeu, de forma evasiva:

— Quem sabe? Talvez um dia desses!

Quando Cyrne se despediu foi que reparei que durante todo o nosso diálogo mantivera a mesma estatura. Por que e como conseguira ficar tanto tempo com uma altura e tamanho de uma moça comum? No nosso próximo encontro iria tentar desvendar este novo segredo.

Cantagalo, Sítio Primavera, 4 de junho de 1976

Fiz logo a pergunta que me intrigava tão logo avistei Cyrne. A fada desconversou, mudando logo de assunto. Não insisti.

— Falei com nossa rainha — foi-me dizendo Cyrne.

— Que bom! Quer dizer que posso vê-la?

— Sim, porém existe uma condição.

— Que condição?

— Terei que levá-lo até ela.

— Levar-me? — perguntei espantado. — Não pode ser aqui mesmo, onde sempre nos encontramos?

— Não — foi a pronta resposta — nossa rainha deseja que você vá a sua presença.

— Não entendo. Por acaso ela se encontra longe daqui?

Cyrne deu um risinho, antes de me responder.

— Vejo que você ainda não conhece tudo a respeito das fadas. Eu posso levá-lo até nossa rainha sem você sequer sair do lugar onde se encontra.

Achei no momento esta resposta o maior dos absurdos. Mesmo assim, tentei argumentar, ou melhor, entender.

— Cyrne, como posso ir até onde se encontra a sua rainha sem sair do mesmo lugar?

— Muito simples — respondeu a fada. — Enfoque sua vidência etérica e depois procure sintonizar suas vibrações com o mundo astral, elevando estas vibrações.

Ainda sem entender direito onde Cyrne queria chegar, assim procedi. Pouco a pouco senti-me mais leve, uma sensação de liberdade em que flutuava no ar. À minha frente, pude ver um castelo de proporções harmoniosas, inteiramente de cristal. Era um cristal brilhante, polido, de reflexos róseos. Três fadas rosadas, de feições e corpos delicados, saíram do portão principal do castelo me acenando para que entrasse. Súbito me vi num salão enorme de feitio oval e inteiramente de coloração rosa-pálido. No fundo do salão, um trono incrustado de pedrarias de várias tonalidades do tom rosa. Uma fada de estatura maior que a de Cyrne, porte majestoso, me olhava fixamente.

— Sou a rainha Lita — disse numa voz bem modulada.

Aproximei-me do trono e pude mais de perto reparar bem na rainha das fadas. Trajava um vestido esvoaçante de delicada textura rosa-claro, amarrado na cintura por uma faixa larga de tecido mais espesso, de uma tonalidade do rosa mais escuro. Na cabeça uma coroa dourada e na mão direita um fino bastão que emitia luzes coloridas em todas as direções. Os cabelos louros e brilhantes caíam por trás da nuca em cascatas ondulantes. Seus olhos, num rosto oval perfeito, eram de cor violeta e brilhavam intensamente. Boca pequena, bem modelada e nas espáduas duas pequenas asas áuricas, opalescentes, com brilho acentuado.

— Majestade — balbuciei — é uma enorme alegria para mim conhecê-la e podermos conversar um pouco.

— Esse era meu desejo, humano, para que você como escritor e cientista divulgue a verdade sobre a vida das fadas.

— Assim o farei — eu disse, emocionado com aquele inesperado encontro.

— Quero que você conheça o que há de mais importante nas funções das fadas na natureza. As fadas da superfície são para o reino vegetal o que o coração humano é para a circulação sangüínea. Sem o trabalho das fadas, não poderia existir o reino vegetal, tão importante para o reino animal e hominal. No universo inteiro existe uma interdependência e cada reino para existir depende de um outro e assim, numa coexistência perfeita, tudo pode se manifestar objetivamente compondo essa miríade de formas correlatas em suas expressões. No Universo inteiro o infinitamente maior é feito do infinitamente menor e vice-versa, composto de pares de aparência antagônica, mas que não podem objetivar-se sem seu contrário. Assim está o Deva para a fada, a fada para o reino vegetal e o reino vegetal para o reino animal. Nada pode existir por si só. As fadas prestam obediência, ou melhor, trabalham em harmonia com sua rainha, a rainha ao Kama-Deva, o Kama-Deva ao Rupa-Deva, o Rupa-Deva ao Arupa-Deva, o Arupa-Deva ao Arcanjo e assim sucessivamente numa escala hierárquica perfeita. O Universo coletivo é perfeito, a individualidade é imperfeita. Por isso, meu amigo humano, somos um organismo composto de múltiplas individualidades; porém, estas individualidades são como os dedos de uma mão. Não podem os dedos atuar sem o concurso da mão. Fadas são os dedos da mão de uma rainha e rainhas os dedos da mão dos devas e assim por diante. Como disse um grande sábio humano: "Associar ao individualismo dos espíritos o comunismo das mãos." Num pequenino grão de trigo, amigo humano, habita toda a alma do infinito.

A rainha das fadas calou-se e eu fiquei ali, contemplando aquele ser que me encarava, olhos repletos de bondade.

— Que posso fazer — perguntei com respeito — para ser uno com todo ser vivente, ser harmonia e equilíbrio com todos os seres?

— Servindo — foi a resposta da rainha Lita.

Num instante senti uma sensação de queda, fechei os olhos do espírito e súbito me encontrei em meu jardim, tendo Cyrne à minha frente.

Cantagalo, Sítio Primavera, 5 de junho de 1976

— Gostou do palácio de nossa rainha? — perguntou Cyrne, tão logo chegou ao meu encontro.

— Havia realmente um palácio? — perguntei, sem mais

me assombrar com a mudança de tamanho de Cyrne, que começava a acontecer.

Cyrne, sorridente, não me respondeu de pronto; parecia mais interessada em seu novo tamanho, acomodando-se ao meu lado na grama e alisando a saia do seu vestido transparente.

— Havia um palácio? — tornei a perguntar.

— Nós, as fadas, somos capazes de fazer encantamentos, onde surgem coisas que queremos que sejam vistas.

— Como assim?

— Eu criei o palácio e ele se tornou real para você.

— E a rainha, foi também criação sua?

— Não, Theodoro, a rainha era bem real.

— Então, por quê?

— Para dar mais majestade à realeza. Vocês humanos se impressionam com aparatos e uma rainha sem um palácio não impressionaria tanto.

— Eu nunca liguei para aparatos — disse — e acho que você, já me conhecendo um pouco, não precisava me enganar.

— Desculpe, Theodoro, mas não era minha intenção enganar. Apenas quis, através de uma brincadeira, levá-lo para um local onde a pompa real estivesse presente.

— Esses encantamentos de que são capazes podem atingir mais de uma pessoa?

— Até uma coletividade de inúmeras pessoas. Esses truques praticados por iogues, muito comuns nas feiras do Oriente, são feitos com o auxílio de elementais e uma multidão inteira vê aquilo que o autor da prática plasmou no ar com o encantamento dos espíritos da natureza.

— Seria pelo fato da matéria etérica ser extremamente plástica?

— Exatamente, Theodoro, plástica e facilmente modelada através do pensamento-vontade.

— Muito interessante! — exclamei.

Cyrne mudou de assunto de repente e me atirou uma pergunta:

— Você quer visitar uma aldeia de duendes?

— Sem encantamentos? — perguntei rindo. — Se for uma aldeia real gostaria muito.

Cyrne me acompanhou com seu risinho, que lhe dava ao semblante um ar de faceirice.

— Enfoque sua visão etérica e relaxe completamente — disse, levantando-se.

Logo que me senti relaxado, uma sensação de leveza se apoderou de mim e imediatamente saí em astral.

Pronto. Estavam ali, bem à minha frente, na encosta de uma montanha, pequeninas casas brancas, de onde uma população de estatura diminuta entrava e saía apressadamente. Os Duendes tinham no máximo 15 centímetros de altura, usavam calções folgados de cor marrom-escuro, meias listradas de vermelho que se enfiavam em botas de outra tonalidade de marrom. Jaquetas esverdeadas de gola alta e na cabeça um gorro verde-claro, terminando no alto em ponta que caía por um dos lados da cabeça. Quase todos usavam barbas raias acinzentadas, porém suas fisionomias não denotavam aspecto de velhice. Seus rostos eram rosados e rechonchudos, onde dois olhos negros muito vivos pareciam estar em constante movimentação.

Estavam, ou pareciam estar, muito atarefados, pois entravam e saíam repetidas vezes de suas casas, alguns carregando ferramentas parecidas com pás e picaretas. Olhando melhor para o aglomerado de casas de disposição irregular, pude notar que só possuíam fachada, porém quando entravam pela porta desapareciam no seu interior. Pela minha visão astral compreendi que os Duendes, ao transpor o umbral das casas, entravam no interior da Terra. Enfoquei melhor minha visão e no escuro do que seria o interior das casas pude ver várias linhas de irradiação etérica e astral. Um verdadeiro campo magnético de força solar prânica.

Um deles percebeu a minha presença, porém não alterou o seu ritual de ir e vir. Entreparou por alguns segundos, fixou em mim seus olhinhos negros e numa linguagem muda, naturalmente transferido telepaticamente, pude entender o que me dizia:

— Por que, humano, vem perturbar a paz de nossa comunidade? Por curiosidade?

Na mesma transferência mental respondi:

— Vim para aprender os mistérios da natureza, em harmonia com todos os seres.

O Duende não respondeu e sumiu por dentro da Terra.

Eu senti um estalido fraco na altura da base do nariz e em frações de segundos estava novamente no fundo do meu sítio.

Cyrne conservava ainda a mesma estatura alta. Eu não conseguia compreender como ela podia se apresentar tanto tempo naquele tamanho. Pretendia, logo que tivesse oportunidade, esclarecer este mistério.

— Gostou da aldeia dos Duendes? — perguntou Cyrne.

— Sim — respondi — mas, diga-me, qual é o real trabalho dos Duendes?

— Os Duendes são os modeladores da forma, atuando no subsolo e provendo o direcionamento estrutural de todo o reino mineral.

— Por que as casas só apresentam fachadas?

— Os Duendes gostam de imitar os hábitos humanos e como basta para eles a aparência externa das casas, dão-se por satisfeitos em ter arremedos de residências. Você pode reparar que as casas não pertencem a um Duende, mas todas pertencem a todos.

— Por que alguns chamam os Duendes de Gnomos?

— Por desconhecerem o nome exato desses elementais — respondeu Cyrne. — Os Gnomos habitam o duplo etérico do planeta. São de coloração escura, quase negros, esguios, membros encurvados, dando a aparência de muito velhos. Os Duendes habitam a superfície, embora atuem no interior da Terra, em grutas e cavernas. Se grupam, como Fadas, em comunidades e para cada região do planeta variam na coloração da pele e vestuário.

— Existem outros espíritos da natureza do elemento Terra?

— Uma infinidade — respondeu Cyrne. — Os principais são: as Ninfas, que geralmente habitam as árvores dos bosques e florestas; os Peris, as matas; os Djins, os desertos; os Elfos, a vegetação rasteira; os Goberlinos o musgo, a hera e os cogumelos; os Homúnculos, que habitam em geral as samambaias, as gramíneas, urzes e flores silvestres. Ainda encontramos os Sátiros, os Faunos, os Trolls, os Kobolds, os Brownies, os Pixies e os Mannikins. Como pode ver, Theodoro, a variedade é enorme.

— Eu nunca pensei que houvesse tantos elementais no elemento Terra — disse admirado.

Depois de alguns minutos de silêncio, arrisquei a pergunta que tanto me intrigava:

— Como você consegue manter por tanto tempo esta alta estatura?

Cyrne não respondeu, ou melhor, ignorou completamente minha pergunta. Sorriu apenas, despedindo-se.

Cantagalo, Sítio Primavera, 11 de junho de 1976

Durante uma semana não vi Cyrne. Era a época das grandes chuvas, que diariamente caíam sem parar, o que me impedia de sair ao encontro de minha amiga fada. Aproveitei esses dias de reclusão para meditar, fazer algumas anotações e reestudar tudo quanto havia aprendido com Cyrne sobre a vida e funções do reino elemental.

Apesar de preencher o meu tempo com o estudo e diversos exercícios iogues de respiração e aprimoramento da vidência, sentia imensa saudade de Cyrne, pois já me habituara com sua presença todas as manhãs.

Cantagalo, Sítio Primavera, 12 de junho de 1976

Foi com imensa alegria que reencontrei Cyrne nesta manhã, após o período, para mim interminável, de chuvas incessantes.

Cyrne me pareceu mais bela ainda em sua alta estatura. A fada, sentada na grama perto da frondosa mangueira, parecia me esperar já algum tempo, pois mal apareci levantou-se, vindo ao meu encontro.

— Bom dia, Cyrne, que bom vê-la, depois de quase uma semana de ausência.

— Foi tanto tempo assim? — perguntou Cyrne, adotando um ar faceiro e convidando-me a sentar ao seu lado na grama.

— Para mim quase uma eternidade — disse sorrindo, sentando-me ao seu lado.

Parece que a fada leu o meu pensamento, pois num abrir e fechar de olhos disse:

— Um dia desses, Theodoro, talvez explique por que consigo manter esta alta estatura por longo tempo — e mudando rápida de assunto, perguntou: — Estudou bastante esses dias?

— Um pouco — respondi, ainda assombrado com a leitura do meu pensamento. — Fiz um retrospecto de tudo que me ensinou e cheguei a várias conclusões.

— Que conclusões foram essas?

— Em primeiro lugar, não consigo entender como uma fada pode deter tantos conhecimentos.

— No futuro falarei a este respeito — foi a resposta lacônica.

— Em segundo lugar, pelo pouco que já sei a respeito do assunto, concluí que toda a humanidade deveria conhecer o trabalho dos elementais e procurar colaborar com eles — eu disse, ainda um pouco insatisfeito com a resposta evasiva da fada à minha pergunta anterior.

Cyrne não parecia preocupada com a insistência de minha pergunta, pois ignorando minha conclusão mudou inteiramente de assunto.

— Hoje pretendo falar para você dos elementais do fogo, as Salamandras, continuando o que venho explicando sobre cada um dos espíritos da natureza no seu elemento.

— Tenho ouvido falar muito das Salamandras, porém de uma maneira muito vaga.

— As Salamandras são os mais esquivos dos elementais e seu contato com os humanos é sempre muito difícil. Existem Salamandras de pequenas dimensões, variando entre 70 e 90 centímetros e outras de enorme estatura. Seus corpos são algo indefinidos, misturados que são com as labaredas do fogo. Seus rostos são triangulares, olhos oblíquos voltados para cima, o que lhes dá uma expressão diabólica, queixo e orelhas pontudas e cabelos abundantes que se confundem com as chamas.

— As Salamandras apresentam um corpo etérico sempre de aparência feminina?

— Não, Theodoro, existem Salamandras com corpos masculinos, embora a maioria apresente um corpo etérico feminino. Poderia mesmo dizer que essa forma etérica é imprecisa, pois as Salamandras se apresentam com membros e cabelos feitos de correntes de energia ígnea, que se precipitam em várias direções e só raramente amoldam-se numa configuração humana.

— E as Salamandras de enorme estatura?

— Esses são os Senhores do Fogo, associados ao Sol, colossos de ígneo poder.

Fiquei calado, pensando por um bom espaço de tempo. Cyrne ao meu lado parecia absorta. Depois de algum tempo de silêncio, enderecei uma pergunta que nada tinha a ver com o assunto ventilado.

— Você não vai mais aparecer com aquela antiga estatura diminuta?

A princípio pensei que Cyrne estivesse muito zangada com minha pergunta, pois ficou ruborizada, mas logo depois riu satisfeita.

— Você não desiste, não é, Theodoro? — e, levantando, se despediu.

Cantagalo, Sítio Primavera, 12 de junho de 1976

Teria Cyrne ficado zangada com minha insistência em perguntar sobre sua nova altura? Fiquei seriamente preocupado, pois durante quatro dias minha amiguinha não apareceu ao nosso encontro costumeiro.

Um misto de remorso e ansiedade me tomou nesses dias, pois não consegui fazer quase nada, a mente povoada de idéias desencontradas. Uma coisa, porém, era certa, tinha plena convicção, a presença de Cyrne era para mim a coisa mais importante da minha vida.

Cantagalo, Sítio Primavera, 16 de junho de 1976

Afinal estava lá minha pequena, agora grande amiga, me esperando no lugar costumeiro.

— Até que enfim! — exclamei jubiloso. — Pensei que nunca mais ia vê-la!

— Por que, Theodoro? Foram apenas quatro dias de ausência.

— Porque quatro dias para mim é muito tempo — eu disse.

— Você me lisonjeia com sua amizade — disse Cyrne dando seu risinho habitual. — Estava muito ocupada com outros afazeres.

— Ainda bem que você não está zangada comigo.

— Por que estaria zangada?

— Pela minha insistência em perguntas indiscretas — respondi, enquanto sentávamos na grama.

— Prometo que um dia vou satisfazer sua curiosidade.

— Está bem, Cyrne, também prometo que não voltarei mais a esse assunto.

— Hoje não poderei demorar muito, só vim mesmo para tranqüilizá-lo, pois achei, por suas vibrações nesses dias, que você estava preocupado com minha ausência. Estou realmente muito ocupada com um trabalho de grande importância, voltaremos a nos encontrar talvez daqui a uma semana. Quero que você reflita bastante sobre tudo que conversamos até agora e não fique preocupado, porque voltarei.

— Posso saber que trabalho importante é esse?

— Estou servindo a um Deva, numa função inadiável — respondeu Cyrne.

Cantagalo, Sítio Primavera, 24 de junho de 1976

Não foi uma semana, mas dez dias que fiquei sem contato com Cyrne. Apesar do aviso da fada, que ficaria uma semana sem me ver, todos os dias me dirigia religiosamente para os fundos do sítio e ali ficava na esperança de vê-la, meditando e recordando cada palavra das verdadeiras lições que havia recebido.

Nessa manhã, quando já passava das 11 horas e não tinha mais esperança de vê-la, Cyrne apareceu de repente.

— Bom dia, Theodoro — foi me dizendo, se acomodando no lugar costumeiro. — Agora, terminado meu trabalho, já posso vir regularmente ao nosso ponto de encontro.

— Que bom, Cyrne, já estava perdendo as esperanças!

— Eu não lhe falei que viria?

— Dentro de uma semana, mas foram dez dias. Não acha dez dias muito tempo?

Cyrne sorriu e naquele seu jeitinho brejeiro soprou uma mecha de cabelo que insistia em descer sobre um de seus olhos.

— Mas estava ocupada — me disse, justificando-se.

— Por essa vez está bem — eu disse rindo.

— Para compensar minha ausência vou responder uma pergunta sua feita há algum tempo.

— O mistério de sua nova estatura? — perguntei esperançoso.

— Não, Theodoro, ainda não é desta vez que irei satisfazer sua curiosidade.

— Então não sei qual é a pergunta.

— Sobre a linha de evolução dos espíritos da natureza.

— Ah!

— Decepcionado, Theodoro?

— Não, Cyrne, mas por um momento pensei que ia ter a resposta para minha grande curiosidade.

Cyrne talvez tivesse reparado no ar que fiz de decepção; porém, indiferente, começou a falar sobre a evolução dos elementais. — Na evolução dos espíritos da natureza, na vida elemental, temos que começar com a vida mineral, que se divide em dois troncos principais: elemento água e elemento terra. No elemento água temos dois ramos ascendentes e evolucionais, que são as algas e as formas vagas do abismo. As algas seguem a seguinte linha evolutiva: Algas, corais e esponjas, cefalópodos, peixes. As formas vagas do abismo seguem a seguinte linha evolutiva: formas vagas, formas etéricas, espíritos das águas. Todos os dois ramos atingem o estágio de Nereidas, Ondinas, Bebês-d'água e todos os elementais que vivem no elemento água. Desse estágio é alcançado por evolução o aprendizado como Silfo.

No elemento terra temos quatro ramos ascendentes. O primeiro segue a seguinte linha: Gnomos amorfos e Gnomos. O segundo: fungos, bactérias, insetos, répteis e aves. O terceiro: ervas, cereais, formigas, abelhas e formas vagas do éter. Estes três ramos ascendentes conduzem ao estágio de Duendes, Fadas da superfície, Ninfas, Elfos, Goberlinos, Peris, Djins, enfim, todos os elementais do elemento terra, sendo o estágio superior, as Fadas da superfície. Estes três ramos do elemento terra e os dois ramos do elemento água conduzem em sua evolução: os três da terra às Salamandras e os dois da água aos Espíritos superiores das nuvens. O conjunto destes cinco ramos evoluciona para o estágio de Sílfides, que são os mais adiantados da evolução do reino elemental. O estágio superior ao das Sílfides é o de Deva ou Anjo — finalizou Cyrne sua longa exposição.

— Você esqueceu de citar o quarto ramo do elemento terra.

— Eu já ia citá-lo. Este ramo ascendente tem relação com o reino hominal. É a seguinte sua linha evolutiva: musgos, plantas florais, arbustos, árvores, mamíferos, animais domésticos, homens primitivos, homens vulgares, homens superiores, discípulos, Adeptos.

Além da evolução dos Devas, encontramos os Rupas-Devas do plano mental inferior, os Arupa-Devas do plano mental superior. Além destes Devas e dos Adeptos vamos finalmente encontrar os Grandes Espíritos Solares.

— Existe alguma ligação entre o reino elemental e o hominal? — perguntei, interessadíssimo.

— Em condições normais o reino elemental não tem e nunca teve ligação com o reino hominal, ou melhor, os elementais não foram e nunca farão parte da humanidade. A única coisa que têm em comum é habitarem o mesmo planeta.

— Você disse em condições normais, por quê? — Há casos excepcionais e raríssimos em que encontramos um nível de individualização no reino das Sílfides.

— O que quer dizer que elas podem se tornar humanas?

— Sim, Theodoro; embora o reino Dévico seja a meta de ascensão evolutiva dos elementais, existe, em casos raros, como já sabe, uma possibilidade para a entrada no reino humano.

— Em que estágio do reino hominal entrariam as Sílfides?

— Não sei muita coisa a respeito, porém diria que no estágio de homens primitivos ou vulgares.

— E você, minha querida amiga, gostaria de um dia ser humana?

Cyrne demorou bastante em sua resposta e depois de um longo tempo em que parecia meditar profundamente sobre a pergunta, pois seu belo rosto ficou sulcado por uma pequena ruga, me disse com voz tristonha:

— Não sei ao certo... talvez... talvez quisesse...

Cantagalo, Sítio Primavera, 25 de junho de 1976

Hoje visitei com Cyrne uma cachoeira que fica a uns dois quilômetros do sítio.

É uma manhã de Sol e tudo em torno parece fervilhar de vida, mostrando em cada tufo de erva, em cada planta, cada flor ou em cada árvore, toda a beleza que a natureza em festa tem para ofertar.

A cachoeira era de pequena altura e formava em sua queda uma lagoa, cercada por algumas pedras enormes encravadas numa vegetação rasteira.

Quatro Ondinas banhavam-se na cachoeira e seus corpos nus brilhavam, pois pequeninas gotas de água ainda aderidas a seus corpos etéricos lhes davam um aspecto colorido, conforme os raios de Sol incidiam nas Ondinas em movimento. Uma delas subiu contra a corrente de água e se aproximando um pouco mais de mim, pude observá-la melhor.

Media talvez um metro e cinqüenta centímetros de altura, aparência de uma mocinha, uma adolescente de bela figura. Rosto oval, de linhas perfeitas para a estética humana, cabelos longos e brilhantes que desciam em ondas até a cintura, olhos grandes e expressivos e na cabeça uma coroa feita de pequenos pontos de luz.

As Ondinas não pareciam notar minha presença e aquela que observava melhor parou estática no alto da cachoeira. Elevou os braços e pude ver, em minha visão etérica, que absorvia através de todo o seu corpo energia vital. Fluidos energéticos percorriam todo o seu corpo e pouco a pouco foram se acumulando na altura do seu peito. A Ondina agora era feita inteiramente de luz brilhante. Ficou por alguns instantes nessa posição e depois toda aquela energia acumulada foi expelida em raios dourados que tomaram várias direções. A Ondina então mergulhou de cabeça no lago, desaparecendo por alguns minutos, para depois surgir de dentro de uma das grandes pedras em volta do lago. Essa mesma operação foi feita por várias vezes e pude notar que as outras Ondinas repetiam o mesmo ritual.

Havia uma pequena árvore próxima do lago e vi que a Ondina que saíra da pedra para lá se dirigia voando. Firmei minha visão e em volta de uma singela flor que brotava da árvore visualizei pequeninos seres do tamanho de abelhas, que voluteavam em volta da flor e da árvore. A Ondina não parecia notar os pequeninos seres, pois postou-se imóvel em frente da árvore, solta no ar, para depois voltar ao lago. Flutuou em sua superfície, aparecendo e desaparecendo, e então repetiu o que já fizera inúmeras vezes: subir com rapidez incrível contra a queda de água e reter prana em seu diáfano corpo.

Teria ficado ali, observando, pelo resto da manhã, mas Cyrne ao meu lado pediu para voltarmos.

Havia muitas perguntas a serem feitas; porém, ao chegarmos ao sítio, a fada se despediu e eu, um pouco frustrado, tive que aguardar as respostas para o dia seguinte.

Cantagalo, Sítio Primavera, 26 de junho de 1976

— Muitas perguntas sobre minhas irmãs Ondinas? — perguntou Cyrne, convidando-me a sentar na grama.

— Algumas.

— Pois faça — disse a fada, ajeitando a saia transparente do vestido.

— Todas as Ondinas são do tamanho daquelas que eu vi na cachoeira?

— Não, Theodoro, como já disse, existem Ondinas de apenas 30 centímetros de altura. Possuem idênticos corpos etéricos, com a diferença de terem asas áuricas.

— Mas essas que vi, não possuem asas, porém voam. Por quê?

— Os elementais não possuem um corpo físico denso, mas sim etérico e quem está livre desta densidade pode voar, sem necessariamente ter asas.

— Quem eram os pequeninos seres que vi volteando em torno da árvore?

— Eram os pensamentos-forma dos Devas.

— Qual a finalidade desses pensamentos-forma? — perguntei.

— Os Devas criam esses pensamentos-forma, elementares,

portanto artificiais, para ajudar na construção das formas da natureza. Completado o trabalho desses elementares, são eles destruídos pelos próprios Devas.

— Poderia conhecer alguns detalhes do trabalho das Ondinas?

— As Ondinas trabalham em equilíbrio e harmonia com os três processos fundamentais da natureza, que são: absorção, assimilação e secreção. Elas, e isto é a expressão de sua própria vida, absorvem o prana, energia vital, retendo-o e assimilando--o em seus corpos etéricos, para depois secretá-lo, ou seja, eliminá-lo em proveito da natureza. Elas absorvem a energia da luz solar e ao ser atingido o limite de absorção, em jatos de luz e cor elas liberam o excesso. Neste momento mágico de liberação, seus corpos brilham vestidos de luz e seus olhos fulguram numa expressão de êxtase. Logo após, as Ondinas entram numa espécie de sonho prazeroso e sua consciência é em grande parte retirada do mundo etérico e centralizada no mundo astral. Neste momento, os corpos das Ondinas se tornam vagos e imprecisos, até que, tendo assimilado totalmente a experiência, o triplo processo se repete.

— Como são importantes o trabalho e as funções dos elementais! — exclamei fascinado.

— Mas totalmente desconhecido pelos homens — disse Cyrne com alguma tristeza na voz.

— Talvez quando o homem puder compreender melhor o trabalho dos espíritos da natureza, esse mundo conturbado por incompreensões se torne um pouco melhor.

— Nós assim esperamos — disse a fada. — A distância que existe entre o reino elemental e o hominal é culpa exclusiva do próprio homem, que está sempre em desequilíbrio com a natureza. No dia em que o homem se conhecer a si mesmo, terá cessado de agredir e então, em plena harmonia consigo mesmo, estará em harmonia com todas as coisas. Aí, Theodoro, o reino elemental irá servi-lo e haverá paz e felicidade em todo o Universo manifestado.

Fiquei pensando nessas palavras, absorto, voltando para dentro de mim mesmo, meditando sobre assunto tão sério, e nem notei que Cyrne havia ido embora.

Cantagalo, Sítio Primavera, 1° de julho de 1976

Durante quatro dias não vi Cyrne. Embora perdesse parte da manhã esperando-a, aproveitava o resto do dia para estudar, fazer meus exercícios e ler.

Cantagalo, Sítio Primavera, 2 de julho de 1976

Reencontrei Cyrne no local costumeiro. Notei algo de diferente em seu semblante que, quase sempre sorridente, estava nessa manhã sério e — seria impressão minha? — denotava alguma tristeza.

— Alguma coisa a preocupa? — perguntei, depois de saudá-la, sentando-me na grama.

Cyrne permaneceu em pé e levou algum tempo para me responder. Parecia medir bem as palavras quando me disse:

— Não, Theodoro, nada... nada me preocupa...

— Se nada a preocupa, sente ao meu lado e vamos conversar como de costume — eu disse.

Cyrne sentou-se, gestos lentos, olhando repetidas vezes para os lados.

— Hoje não posso demorar muito.

— Está bem, mas será que podemos conversar pelo menos alguns minutos?

O semblante da fada ficou mais sério ainda.

— Sinto que não devo permanecer por mais tempo.

— Como assim? Sente por quê?

— Porque é melhor para mim e para você — disse Cyrne com tristeza na voz.

— Melhor para mim? Não compreendo!

— É, Theodoro! Sinto que nossa convivência constante está fazendo mal a você.

— Ainda não entendo, Cyrne, como você pode me fazer mal?

A fada não respondeu, baixou a cabeça e ficou em silêncio algum tempo. Eu insisti na pergunta, já desesperado, antevendo a ausência permanente de minha amiga. Coisa que não podia e nem queria imaginar.

— Como, minha amiga, você pode me fazer algum mal?

— Eu tenho meus motivos.

— Que motivos?

— Estou sentindo ultimamente um impulso contrário à minha natureza.

— Impulso?

— E, uma compulsão, que, mesmo não querendo, me aproxima de você.

— Ainda não entendo onde você quer chegar — disse, já nesse momento bastante aflito.

— Quero lhe fazer uma confissão — disse Cyrne.

— Pois faça — eu disse. — Diga qualquer coisa que queira, mas, pelo amor de Deus, não abandone este seu pobre amigo.

— Eu não... eu não sou... uma... uma fada.

Arregalei os olhos de espanto e fiquei alguns minutos sem conseguir articular uma palavra. Quando consegui, foi para perguntar:

— E o que pode ter isso com a impossibilidade de não mais nos encontrarmos?

— Eu sou uma Sílfide e minha evolução espiritual é chegar a ser Deva.

Eu estava realmente assombrado com aquelas declarações;

porém, aferrado ao meu ponto de vista, de não perdê-la, tentei argumentar.

— Eu atrapalho sua evolução espiritual?

— Acho que a minha e a sua.

— Por quê?

— Não é normal nem natural uma Sílfide se envolver com um humano.

— Mas não estamos envolvidos, somos apenas bons amigos.

— Eu sei, Theodoro, mas esse impulso que sinto e que você deve também sentir, é alguma coisa contrária a nossa vontade, logo, antinatural.

— Não vejo por esse prisma.

— Reflita bem, meu amigo, já notou que há qualquer coisa que o impele para nos vermos? Eu por mim, sinto essa sensação muito forte e você, embora possa negar, deve sentir também.

Levei alguns minutos refletindo. Cyrne ao meu lado parecia esperar alguma resposta.

— Não consigo ver nada de mal em nossa relação — eu disse afinal.

— Porque você está falando através de suas emoções e não da razão. Responda-me usando de toda franqueza e pondo de lado toda a sua emotividade: ainda não sentiu esse impulso estranho, transcendendo a vontade?

— Não posso negar, já senti inúmeras vezes.

— Então, meu amigo, estou certa. O melhor para nós dois é não nos vermos mais.

— É impossível para mim viver sem você — eu disse num arrebatamento.

Cyrne sorriu. O sorriso mais triste que já vira em toda a minha vida.

— Assim é preciso — disse.

— Então nunca mais irei vê-la?

Cyrne não respondeu, ou melhor, disse-me algo completamente fora do assunto.

— Assim acaba o mistério que havia sobre a minha estatura.

Cyrne começou a ficar transparente e num segundo sumiu no ar. Desesperado, gritei o seu nome repetidas vezes, até que, extenuado e nas raias do desespero, caí na grama, soluçando.

Cantagalo, Sítio Primavera, 23 de julho de 1976

Há seguramente vinte dias que não vejo Cyrne. A princípio fiquei desesperado, dei para falar sozinho, para espanto e aflição de Madalena, minha boa governanta, indo invariavelmente todas as manhãs ao local costumeiro de nossos encontros. Era uma falta, uma ausência que me sufocava, muitas vezes me levava às lágrimas, acompanhadas por verdadeiros acessos de fúria, logo seguidos por estados de grande depressão. Não conseguia raciocinar, fazer meus exercícios e meditações, apenas uma idéia fixa martelando meu cérebro: Será que nunca mais vou ver Cyrne?

Com o passar dos dias, fazendo muita força para me controlar, consegui em parte fazer uma avaliação de tudo que havia acontecido. Confesso que não serviu para muita coisa, mas o desespero foi substituído por uma tristeza sofrida, indefinida para a razão, que teimava em me dizer sub-repticiamente que devia prosseguir em minhas experiências e exercícios paranormais.

Que força estranha era essa, que me dominava inteiramente, fazendo-me quase um autômato sem vontade própria e raciocínio, somente desejando ardentemente a presença de Cyrne? Seria amor, amizade ou hábito? O que seria?

Não encontrava uma resposta coerente para os meus anseios. A sensação de que faltava o ar, que alguma coisa fora tirada de mim deixando profundas cicatrizes. Apenas uma coisa ficou como certeza absoluta. Fosse qual fosse o motivo, eu não podia mais viver sem a presença de Cyrne.

O vazio de sua ausência, tão dolorido para mim, se instalou como uma obsessão no íntimo do meu ser e, quando conseguia meditar, vinha, interrompendo a cadeia de meus pensamentos, Cyrne e seu sorriso travesso. No meio de um exercício de respiração, outra vez acontecia, Cyrne se introduzia no ar que respirava e me perdia sem direção ao seu encontro imaginário.

Esperava a todo momento vê-la no galho da roseira, junto à frondosa mangueira tantas vezes testemunha dos nossos encontros, sentada na relva, ou flutuando no ar à minha espera.

Dei para vagar pelo sítio sem rumo, fosse manhã ou tarde, alimentando a esperança de um momento para outro encontrá-la novamente.

Nesse estado de espírito, a princípio não dei muita atenção ao fato, depois achei ser uma coincidência ou resultado de minhas idéias desencontradas, porém, por três noites seguidas tive o mesmo sonho. Um sonho repetido e nítido em seus mínimos detalhes.

Cantagalo, Sítio Primavera, noites de 24, 25 e 26 de julho de 1976

Custei a pegar no sono e quando acordei de madrugada, repleto de suor, recordei com todos os detalhes o sonho. Nessas três noites o fato aconteceu da mesma maneira. A falta de sono, o sonho e o despertar de madrugada coberto de suor. Os três sonhos, idênticos, começavam assim:

"Um leve estalido na janela do quarto e num instante, junto aos pés da cama, uma pequenina fada, corpo e vestes verde-folha, me acordou.

— Venha — disse — é preciso que me acompanhe.

Esfreguei os olhos e procurei, na semi-obscuridade do quarto, ver melhor minha pequena visitante.

— Assim, de pijama? — perguntei, ainda um pouco sonolento.

— No espaço usamos apenas as vestes de luz — respondeu a pequenina fada. — Venha assim mesmo!

Senti que me elevava na cama e solto no ar segui a fadinha voando através da janela fechada e uma sensação de liberdade plena se apossou de todo o meu ser. Atravessamos o sítio numa velocidade fantástica e atingimos uma região sombria. As árvores, a vegetação, o próprio ar e as casas eram de um tom cinza-escuro, o que dava ao ambiente inteiro um aspecto lúgubre de tristeza.

Ao chegar próximo à cidade cinzenta (assim a chamo por falta de termo melhor) a fada que me guiava entreparou no ar e me disse:

— Daqui não posso seguir, acompanhe este enviado à sua frente.

Surgiu então um anão disforme, pele negra, vestido com uma bata marrom-escuro e nas costas uma corcunda desproporcional ao tamanho de seu corpo.

— Venha — disse numa voz rouca e um esgar, arremedo de sorriso, pondo à mostra dentes amarelos e retorcidos.

Uma sensação de asco e repulsa se apoderou de mim, porém um impulso forte e irresistível me arrastou em direção do repulsivo anão.

Entramos numa das casas baixas e cinzentas e, depois de atravessar várias salas, descemos por uma escada de caracol até um porão de teto alto, onde um homem em pé, no meio do aposento quase que inteiramente ocupado por mesas de vários tamanhos, repletas de objetos estranhos, lugar parecido com laboratório de alquimista medieval, parecia já me esperar.

O anão disforme desapareceu como por encanto e eu me vi sozinho com aquele homem alto, vestido com um balandrau branco. O rosto era largo, maciço, nariz grande e adunco, olhos muito pretos encimados por sobrancelhas espessas. A cabeleira avermelhada era abundante e caía em tufos desordenados pela nuca e lados do rosto. Com voz grave e bem modulada me saudou:

— É um prazer recebê-lo, professor Theodoro!

— Posso saber quem é o senhor? — consegui perguntar, preso que estava a estranho fascínio.

— Sou Rudgero, o mago — respondeu, sem tirar de mim seus olhos negros que faiscavam.

— Em que posso servi-lo? — perguntei, depois de alguns segundos de indecisão.

— Em muitas e várias coisas.

— Como assim?

— Eu posso lhe ajudar muito e ao mesmo tempo o senhor também poderá me ajudar.

— Ajudar de que maneira?

— Muitas maneiras.

— Muitas maneiras é um tanto vago — eu disse, sempre dominado por aquele estranho fascínio.

— O senhor sofreu ultimamente uma grande perda. Correto?

— Sim, mas...

— Esta perda pode ser reparada.

— Não estou entendendo, senhor Rudgero.

— Está, sim, professor. Falo de Cyrne, a fada que virou Sílfide. — E riu, uma risada grosseira, desarmônica.

— Como o senhor sabe?

— Eu sei de tudo!

— Tudo?

— Tudo, professor! Não existem segredos no mundo para o grande Rudgero.

Aquele fascínio que a princípio se apoderara de mim transformou-se pouco a pouco em sujeição. Não podia, mesmo que quisesse, me afastar dali ou tirar os olhos do mago à minha frente.

— Mas eu não possuo nenhum segredo — consegui dizer, espantado com minha coragem e poder de raciocínio.

— Possui sim, professor, ou melhor, julga que possui.

— Que segredo é esse, senhor?

— O desespero, a ansiedade e o desejo incontrolável de querer ver novamente sua Sílfide.

— Isto não é bem um segredo — eu disse, procurando argumentar e ver onde o outro queria chegar. A resposta não se fez esperar:

— Talvez, e eu disse talvez, pois depende do senhor, posso resolver esse problema.

— Que problema?

— Ora, professor! Trazer novamente Cyrne a sua presença.

— Para que isso aconteça, o que tenho que fazer?

— Servir-me incondicionalmente.

— Servir?

— É, servir apenas e não fazer perguntas.

Fiquei sem saber o que dizer, preso de indizível temor. Ali em minha frente estava um homem que sabia o que dizia e parecia ler todos os meus pensamentos. Mesmo assim, arrisquei timidamente:

— De que maneira o senhor pode ter influência sobre uma Sílfide a ponto de obrigá-la a obedecer?

— Todas as forças da natureza estão ao meu serviço — foi a resposta do mago, no semblante um ar de júbilo.

— Que serviço devo prestar ao senhor? — perguntei.

— Eu posso lhe dar todo o poder sobre o reino elemental — disse o mago, não respondendo minha pergunta. — Com esse poder o senhor poderá não só ter Cyrne ao seu dispor, como também qualquer espírito da natureza que queira.

— Senhor, não desejo esse poder, eu busco a harmonia e o equilíbrio, jamais poderia querer ter domínio sobre qualquer coisa.

— É pena, mas assim, aferrado a esse ponto de vista, jamais terá novamente Cyrne em sua companhia.

— O senhor não me respondeu, qual o serviço que quer de mim?

— Todo serviço que eu precisar, ou que eu quiser.

Uma revolta começou a se insinuar no íntimo do meu ser. Cresceu rapidamente e transbordou num segundo de coragem, que, confesso, não sei onde fui buscar.

— Nunca! — gritei no auge da revolta, ou do desespero, pois não sei até hoje qual a mola oculta que impulsionou este grito de repúdio àquela sujeição mágica.

Rudgero ficou vermelho de cólera, um zumbido estridente quase ensurdeceu meus ouvidos, uma sensação de queda no vazio e, tremendo, despertei, o corpo coberto de suor."

Por três noites seguidas os mesmos fatos, as mesmas palavras durante meu sono físico. Depois do acontecimento, fico a pensar: seriam realmente sonhos?

Cantagalo, Sítio Primavera, 1º de agosto de 1976

Jamais posso esquecer esta manhã. Caminhava, cabeça baixa, pensamentos desencontrados, onde a lembrança de Cyrne teimava em aparecer ao final de cada concatenação volitiva, quanto aconteceu. Embora tenha demorado poucos minutos, foi para mim como que um bálsamo para a alma, uma refrigerante ducha de energia.

— Theodoro! ó Theodoro!

A voz era sem dúvida de Cyrne, que fazendo vibrar os átomos etéricos atingiu com este som meus ouvidos físicos. A voz tornou a me chamar por duas vezes e eu, aflito, não conseguia vê-la.

— Procure se acalmar e entre em harmonia — disse a invisível Cyrne. — Procure respirar de forma rítmica, para entrar em sintonia.

Assim o fiz, e pouco a pouco começaram a se materializar à minha visão etérica Cyrne e seu sorriso radioso.

— Meu Deus! Que alegria! — exclamei aproximando-me da Sílfide, enquanto grossas lágrimas rolavam pelo meu rosto. Pensei que nunca mais nesta vida tivesse outra vez tanta alegria. Que saudade, querida amiga!

— Suas vibrações de desespero atingiram minha aura, por isso vim.

— E vai voltar sempre, não vai?

— Se for possível...

A voz de Cyrne estava reticente nessa resposta.

— Se Deus quiser será possível — eu disse, com a convicção daqueles que querem acreditar.

Sentamos na grama, como já o fizéramos tantas vezes. Eu no auge do contentamento, Cyrne, embora sorrindo, estava algo preocupada, pois olhava diversas vezes para os lados, como se antevisse ou suspeitasse de uma presença incômoda.

— Tem estudado muito? — perguntou Cyrne, dando início ao diálogo.

Notei que a Sílfide não estava à vontade, sua naturalidade parecia forçada, ou seria impressão de minha parte? Procurei adotar uma postura natural e respondi, fitando dentro dos seus olhos:

— Como posso estudar, fazer exercícios e meditações com a mente conturbada e o coração repleto de tristeza?

— Mas é necessário que você continue de onde parou. A vida, feita de evoluções, segue sempre para adiante, nunca para trás.

— É verdade, minha boa amiga, com você ao meu lado sinto-me mais forte e confiante.

— Mas é preciso que se acostume com minha ausência e siga sozinho.

— Por que não podemos estudar juntos? Por que não posso ter mais as maravilhosas lições que você me ensinou?

— Porque não depende de mim — respondeu Cyrne com tristeza na voz.

— Depende de quem, ou melhor, do quê?

Cyrne não respondeu, ficou apenas me fitando com aqueles olhos azuis que brilhavam. Duas pequeninas gotículas desceram por sua face rosada. Estaria Cyrne chorando? Nunca soube, pois a Sílfide, mudando de posição, ficou meio de lado em relação a mim, escondendo momentaneamente seu belo rosto.

— Sempre que for possível, sempre que puder ou depender de mim, virei vê-lo, Theodoro — disse, já me encarando e tendo nos lábios um sorriso doce.

As palavras da Sílfide me alegraram um pouco, não insisti mais na pergunta e lembrando-me do sonho que tivera por três noites seguidas perguntei:

— Cyrne, você conhece um mago chamado Rudgero?

A Sílfide ficou pálida e notei uma tempestade de luzes carmesins percorrendo rápidas todo o seu corpo etérico. A resposta veio depois de algum tempo.

— Não... não... acho que não... não conheço. Nunca ouvi este... este... nome.

Achei estranha a maneira titubeante de responder. Cyrne sempre fora muito segura, muito precisa nas respostas e em tudo que falava.

Contei então o meu sonho. Cyrne me escutou calada, muito atenta. Seu corpo inteiro, durante o meu relato, tremia e as mesmas luzes coloridas de carmesim percorreram seu corpo. Quando terminei, Cyrne não me disse nada e depois de algum tempo de mutismo se dirigiu a mim em tom de voz baixíssimo, como se temesse que alguém a pudesse escutar e olhando repetidas vezes em várias direções.

— Cuidado, Theodoro, muito cuidado — me disse num sussurro.

Quando ia perguntar o que ela queria dizer com esse muito cuidado, Cyrne, sem mesmo se despedir, foi sumindo no ar. Ainda gritei seu nome, mas minha voz perdeu-se no vazio do espaço.

Cantagalo, Sítio Primavera, 5 de agosto de 1976

Durante três dias seguidos somente um problema martelava meu cérebro: as respostas evasivas titubeantes de Cyrne e seu aviso para que tivesse muito cuidado.

O que queria realmente dizer minha amiga? E esses três sonhos por noites seguidas? Seriam realmente sonhos, ou teria feito viagens pelo mundo astral? Neste caso, Rudgero existia.

Levei quase uma semana, atribulado, tentando solucionar esses problemas. Pouco a pouco, à custa de muitos exercícios e meditações, consegui me equilibrar. Somente a saudade de Cyrne me incomodava, mesmo assim consegui conviver com ela.

Lentamente voltei à minha observação da natureza, com maiores dificuldades, é claro, pois não tinha o concurso de minha amiga, para esclarecer os pontos obscuros.

Cantagalo, Sítio Primavera, 15 de agosto de 1976

Podiam ser três horas da tarde. Estava em meu escritório, revisando algumas notas que havia tomado durante a semana, quando de repente senti a presença de alguém.

— Boa tarde, professor Theodoro!

Virei-me em direção da voz forte e pausada. Estava ali, encostado num móvel baixo, junto da janela, o mago Rudgero. Usava uma túnica azul-claro que vinha até os joelhos, calças um pouco largas do mesmo tecido e cor e nos pés, sandálias de couro cru.

Minha primeira reação foi de espanto e a muito custo perguntei:

— Como o senhor pôde entrar aqui?

Rudgero riu. Não disse nada e continuou com um sorriso nos lábios, me olhando fixamente.

— Então não foi sonho? O senhor realmente existe? — perguntei, ainda espantado.

— Mas claro que existo, professor! Tive até o prazer de receber sua visita por três noites seguidas!

— Independente de minha vontade.

— Não me convida a sentar?

— Tenha a bondade — eu disse, indicando uma poltrona ao lado de minha mesa.

Rudgero parecia se divertir com meu espanto e como se fosse a coisa mais natural do mundo aparecer de repente em um ambiente fechado sentou-se cruzando as pernas e acomodando-se inteiramente à vontade.

Houve um silêncio, como se uma pequena trégua existisse entre nós dois. Rudgero parecia me estudar e eu, um pouco confuso e temeroso, agüentei o melhor que pude seu olhar penetrante.

— Posso lhe fazer uma pergunta? — disse eu afinal.

— Todas que quiser.

— Como pude ir ao seu encontro durante o sono físico, independente de minha vontade?

Rudgero não abandonou seu sorriso irônico quando respondeu:

— Um pequeno truque de magia.

— Magia?

— É, magia — disse Rudgero, agora sério.

— Quer dizer que o senhor, usando de truques mágicos, como diz, subjugou minha vontade, que ficou dependente da sua?

— Exatamente, professor.

— Mas isso é magia negra! — exclamei indignado.

Embora ainda restasse uma ponta de medo dentro de mim, estava agora mais à vontade.

— Magia negra ou magia branca, qual a diferença?

Fiquei calado, vendo que o mago jamais me daria uma explicação. Depois de algum tempo, arrisquei nova pergunta:

— O senhor está aqui presente em corpo físico ou corpo astral materializado?

Rudgero deu uma gargalhada e foi ainda rindo que me respondeu.

— Em corpo físico, professor. Mesmo um grande mago como eu não desperdiça energia à toa.

— Então como pôde entrar?

— Pequenos truques mágicos — tornou a responder Rudgero, com as mesmas palavras que usara anteriormente.

— Seja franco, senhor, afinal o que deseja de mim?

— Prestar um pequeno favor.

— Favor?

— Sim. Eu posso, através de meus poderes, que são infinitos, trazer de volta a sua fada, ou sua Sílfide — disse com orgulho.

— Que poder o senhor pode ter sobre o reino elemental?

— Esses poderes não estão em discussão. Eu disse que posso! Isso é o bastante!

— Suponhamos que eu aceite. Eu disse, supondo. Que tenho que fazer em troca?

— Apenas me servir. Eu sirvo o senhor e o senhor me serve. É muito simples!

— Não entendo — eu disse. — Se o senhor possui de fato tantos poderes, para que precisa insistentemente de mim?

— Digamos que eu tenha meus motivos!

— Que motivos?

— Coisas que no momento não interessam. O importante é que será feita uma troca de favores, em que eu e o senhor sairemos ganhando.

— Sem saber o real motivo, a razão para esta troca de favores, como o senhor diz, não podemos chegar a um acordo — eu disse com convicção.

Já neste momento o temor inicial havia desaparecido completamente. Rudgero, aparentando muita calma, sem alterar o tom de voz, insistiu:

— Que mal pode haver numa troca de favores?

— Nenhum mal — respondi. — Apenas quero saber por que devemos trocar estes favores.

— Estou lhe propondo uma coisa razoável. Não estou impondo minha vontade, procurando fazer um trato, um acordo de cavalheiros, dentro da maior harmonia, e o senhor se nega a me atender?

— Nego-me, enquanto não souber o motivo, ou motivos para este acordo!

— O senhor sabe que posso forçá-lo a me atender?

— Experimente — respondi, reunindo toda a coragem que ainda possuía.

— Cuidado, professor Theodoro!

— É uma ameaça?

— Apenas uma advertência.

Pensei que Rudgero fosse tomar alguma atitude intempestiva, pois o mago levantou-se abruptamente, me encarando com expressão severa. Não aconteceu nada. Podia notar que Rudgero se controlava e, a não ser por suas mãos crispadas, parecia perfeitamente calmo.

— Sabe que eu podia obrigá-lo a fazer o que quisesse? — perguntou, falando pausadamente.

— Experimente — tornei a dizer.

Rudgero balançou a cabeça e escolhendo bem as palavras me disse numa voz cortante:

— O senhor deve saber o que está fazendo! Muito cuidado, professor!

Antes que eu pudesse responder, como por encanto Rudgero sumiu do escritório...

Cantagalo, Sítio Primavera, 23 de agosto de 1976

Durante esses dias todos não vi e nem tive qualquer notícia de Rudgero. Estaria o mago blefando? Não sabia e também não me interessou mais, pois tirei da cabeça esses encontros insólitos com o mago e atirei-me fundo em meus estudos, exercícios e observação da natureza e seus elementais. Pretendia escrever um livro detalhado sobre os espíritos da natureza, por esta razão estava ocupado demais para me preocupar com Rudgero e suas ameaças. Este envolvimento servia também para me esquecer um pouco de Cyrne e sua ausência, fato para mim ainda um tanto obscuro.

Foi de maneira inopinada que aconteceu na tarde desse dia o tão ansiado encontro. Podiam ser três horas da tarde quando, revendo minhas anotações, estirado na grama, encostado a minha mangueira e totalmente concentrado, senti sua presença.

— Boa tarde, Theodoro, estudando? — perguntou Cyrne, sentando-se ao meu lado.

Confesso que levei um grande susto, distraído que estava, meu coração disparou enquanto ficava entre excitado e alegre.

— Nossa! — exclamei — que surpresa maravilhosa!

— Contente?

— Ainda pergunta? Como esperei pela sua volta! Era o que mais queria!

Cyrne parecia também muito contente e despreocupada. Completamente diferente do que estava em nosso último encontro.

Olhei para minha amiga. Um olhar repleto de ternura e amizade. Achei Cyrne um pouco diferente. Não sei ao certo o que era. Os olhos tinham uma expressão estranha e seu rosto, sempre muito rosado, estava pálido e com uma aparência de cansaço. Atribuí o fato à deficiência de minha visão etérica e, tirando rápido essas impressões da mente, procurei sem análise alguma usufruir de sua companhia, tão querida e esperada.

— Veio de vez? Para voltar sempre? — eu a atropelei logo.

— O que você acha?

— Se depender de mim, você estará comigo todos os dias.

— Se você quer, está bem!

— Lógico que quero! Mas diga-me, não existem mais os impedimentos que havia quando do nosso último encontro?

— Não existem mais.

— E sua evolução espiritual? Você me disse que o envolvimento com um humano era prejudicial.

— Acho... acho que... que estava errada — respondeu Cyrne. — Prefiro não falar mais no assunto.

Achei muito estranha esta transformação súbita de opinião, mas como estava no auge da alegria procurei afastar essas idéias da cabeça.

— É definitivo? — perguntei.

— Nada é definitivo no Universo.

— Sei, Cyrne, refiro-me a sua presença constante.

— Eu já não disse que de agora em diante poderei vir todos os dias?

— Disse, mas...

— Sossega, Theodoro, o período de ausência terminou.

Notei que a voz de Cyrne, antes bastante musical, apresentava agora alguns acentos ásperos. Sacudi a cabeça, querendo afugentar estes pensamentos. Cyrne notou, pois perguntou:

— O que foi?

— Nada — eu disse, sorrindo.

O rosto de Cyrne tomou uma expressão esquisita, desarmônica. Outra vez julguei não estar vendo direito e procurei enfocar melhor minha visão etérica. Tudo voltou ao normal.

— Esta semana, observando os pequeninos seres, os pensamentos-forma dos Devas, vi que em grande quantidade eles se aproximavam e se afastavam dos botões de rosa desta roseira em nossa frente. O que faziam nesses movimentos que, pude notar, eram de forma rítmica?

— Ajudavam na construção da forma, ou melhor, estrutura das futuras rosas.

— Como é feito esse trabalho?

— Existe um núcleo vital no interior de cada semente. Esse núcleo vibra produzindo um som, que é captado pelas regiões elementais, e os espíritos da natureza construtores respondem ao apelo-som. Para cada tipo de crescimento, seja semente, broto, caule, folha ou flor, existe uma nota chave, um som, próprio. Como cada som tem como seu efeito-forma, aí se encontra o mistério da estrutura física.

Notei que Cyrne respondia minhas perguntas falando devagar; parecia escutar uma voz inaudível para mim e repetia então o que escutava. Achei no momento esse comportamento muito estranho. Cyrne sempre fora muito espontânea em suas respostas e agora parecia um autômato, voz impessoal, lembrando um menino de colégio a repetir lições decoradas. Novamente procurei tirar essas impressões da mente e continuei perguntando.

— Tecnicamente, como se processa esse efeito produzido pelo som?

— Esse som, essa nota chave imprimida na mente dos Devas, torna-se o meio pelo qual a forma arquetípica das plantas é projetada no mundo etérico como um modelo-forma, utilizado pelos elementais construtores e os artificiais criados para esse fim.

— Muitíssimo interessante — eu disse.

— Os resultados dessa nota chave, desse som latente nas sementes — continuou Cyrne — são os seguintes: separar, isolando as sementes, da atmosfera ao seu redor; colocar a matéria dentro desse espaço isolado, para depois vibrá-lo nas proporções requeridas para o trabalho dos espíritos construtores; convocar os construtores, que irão materializar-se até o nível adequado; ajudar a modelar as formas segundo o padrão etérico, o modelo, através de um plano predeterminado apto aos construtores, que são os elementais e os artificiais fazendo o trabalho final.

— Segundo entendi — eu disse, admirado com a perfeição do trabalho construtivo da natureza — o Deva tem o plano arquetípico em sua mente, de acordo com a nota chave de cada semente. Este plano é então trabalhado pelos elementais construtores de formas e os artificiais criados para este fim. Correto?

— Correto, Theodoro, o que você viu foram os pensamentos-forma do Deva responsável por esta roseira.

— Para cada forma que existe na natureza há uma nota chave?

— Sim, Theodoro, toda e qualquer construção sólida possui um som próprio, seja homem, animal, vegetal, mineral, Deva, Arcanjo, etc.. Tudo no Universo manifestado possui sua nota chave, seu som arquetípico. O Universo inteiro é como uma caixa de ressonâncias sonoras de sons específicos. É por isso que o evangelista diz com muita propriedade: "No princípio era o Verbo", o som primordial que deu origem ao Universo manifestado. O som Criador.

— Cada dia acho a natureza mais perfeita, cada hora o trabalho dos elementais mais importante.

— Amanhã voltarei — disse Cyrne, depois de alguns instantes de silêncio entre nós.

— Você virá mesmo?

— Virei, Theodoro. Pela manhã, no mesmo lugar.

Cyrne despediu-se. Seria outra vez impressão minha, ou Cyrne estava de fato menos fluídica, mais densa em seu corpo etérico?

Cantagalo, Sítio Primavera, 24 de agosto de 1976

O que estará acontecendo? Estou muito confuso e bastante preocupado. A noite passada dormi muito mal, fato muito estranho, pois normalmente meu sono é tranqüilo e durmo a noite inteira. Esta noite foi o contrário, acordei diversas vezes com uma sensação de pânico, coberto de suor e depois custando muito para dormir novamente. Não lembro dos sonhos que tive, mas do pouco que me lembro foram confusos e desordenados e todos eles tinham Cyrne como protagonista principal.

Acordei hoje muito cansado e com a sensação de ter executado um trabalho estafante.

Cantagalo, Sítio Primavera, 30 de agosto de 1976

Durante toda esta semana procurei estudar através da visão etérica os mistérios e segredos que existem no reino elemental. Dediquei minha atenção aos elementais do fogo, por serem os mais difíceis de serem observados e os que encerram os maiores segredos para os humanos. Confesso que não me adiantei muito nessa observação e somente pude visualizar uns poucos que não me trouxeram grandes novidades.

Embora tivesse me prometido que viria todos os dias, Cyrne não apareceu.

Cantagalo, Sítio Primavera, 5 de setembro de 1976

Acho que tudo começou na noite de 30 de agosto. Não tenho muita certeza, porém nestas seis noites seguidas tenho uma espécie de sonho. Não consigo determinar se é apenas sonho ou realidade. A nitidez do sonho é tão real que não posso distinguir a realidade da fantasia.

Estou confuso, desorientado, sem saber o que fazer...

Cantagalo, Sítio Primavera, 6 de setembro de 1976

Sete noites em que não distingo o real do irreal. Sonho, realidade ou alucinação? Não sei.

Meu Deus! Será uma provação? Uma prova? Estarei sendo testado por entes superiores, para que possa prosseguir adentrando os mistérios ocultos?

Meu Deus! O que faço? Preciso de forças, sinto que minha energia vital se esvai lentamente.

Estarei ficando insano? Por quê? Que motivos possui Cyrne para adotar esta atitude estranha?

Cantagalo, Sítio Primavera, 10 de setembro de 1976

Os acontecimentos noturnos continuam. Durante o dia não consigo fazer nada; extenuado, fico a dormitar no escritório. Parece que tenho um peso de quinhentos quilos nas costas. Não tenho com quem conversar e trocar idéias sobre o que acontece de noite. Nessa hora sinto uma falta enorme de Masteros.

Tenho que desabafar, tenho muito medo de estar ficando maluco e, não tendo ninguém, passo para meu diário, único confidente, as estranhas ocorrências noturnas.

O sonho, fato real ou alucinação, já não sei com certeza, começa sempre da mesma maneira.

Acordo ou começo a sonhar de madrugada. O relógio de cabeceira marca três horas da manhã. Sempre a mesma hora. Tudo está quieto no sítio, somente o barulho do vento farfalhando as folhas das árvores, o pio das aves noturnas e o coaxar das rãs. Súbito uma luz, forte e brilhante, vinda não sei de onde, invade meu quarto. Aos pés da cama está Cyrne sorridente. Se aproxima de mim e começa a acariciar meus cabelos. Não diz uma palavra. Posso sentir seu hálito perfumado e o contato de seus braços macios. Ela se deita ao meu lado e com mãos ávidas percorre todo o meu corpo. Tento reagir, atônito, e ela cola seus lábios nos meus num beijo apaixonado. Sinto seu corpo quente junto ao meu corpo, sinto o palpitar dos seus seios túrgidos e numa vertigem abraço também seu cálido corpo, nossas mãos se procurando. Já não reajo mais, tudo agora é prazer e quando vou atingir o clímax do desejo, como por encanto Cyrne desaparece da cama e do quarto.

Extenuado, suando abundantemente, acordo. Sonho ou realidade? Alucinação dos sentidos? Já não sei o que digo nem o que faço; porém bem no íntimo de meu ser espero com ansiedade a noite vindoura.

Será que Cyrne me ama? Não, não é possível! E eu? O que sinto realmente por ela?

Meu Deus! Meu Deus! Com humildade rogo para que termine de vez esta dúvida e este sofrimento...

Cantagalo, Sítio Primavera, 15 de setembro de 1976

Afinal, depois de cinco noites sem incidentes, em que esperei desesperado, confuso, ora querendo que viesse, ora desejando que não voltasse mais, hoje de manhã Cyrne apareceu no lugar costumeiro.

— Bom dia, Theodoro! Você está muito abatido, por acaso está doente? — perguntou com a maior naturalidade.

Encarei a Sílfide nos olhos, antes de responder.

— Não, apenas decepcionado com sua falta de palavra — eu disse, enquanto pensava numa maneira de abordar os acontecimentos noturnos.

— Falta de palavra?

— Sim, você prometeu que não tendo mais impedimentos viria todos os dias me ver — e frisei os "dias" propositadamente.

Cyrne não disse nada, indiferente às minhas insinuações, apenas me convidou a sentar ao seu lado. Eu, na defensiva, esperando o momento certo para abordar o assunto, pude reparar que havia alguma coisa errada com a Sílfide. Procurei logo afastar essa impressão da mente e atribuí o fato ao cansaço que sentia ultimamente.

— Você está doente? — tornou a perguntar Cyrne.

— Já disse que não, apenas um pouco cansado.

— Cansado?

— É, não tenho dormido direito, com o sono povoado de sonhos muito estranhos — eu disse, encarando Cyrne nos olhos.

A Sílfide parecia indiferente às minhas suspeitas.

— Que sonhos estranhos são esses? — me perguntou.

— Tenho sonhado com você.

— Comigo?

Cyrne aparentava serenidade e não notei nenhuma reação quando me respondeu, perguntando:

— Pode me contar o sonho?

— Não... não sei se devo... — titubeei na resposta.

— Por quê?

— São sonhos tão reais, que eu mesmo não sei se são sonhos.

— Sonhos são sonhos, Theodoro.

— Posso lhe fazer uma pergunta? — Estava disposto a entrar direto no assunto.

— Mas claro, pode fazer!

— O que você sente por mim?

Cyrne levou algum tempo para responder, mas não notei nenhuma alteração fisionômica.

— Acho que uma amizade profunda — respondeu afinal.

— Só amizade?

— Só, que mais poderia ser?

A expressão de Cyrne e suas palavras foram tão sinceras, tão espontâneas, que me senti momentaneamente abalado. Não sabia o que dizer. A custo perguntei:

— Não existirá um outro... um outro sentimento... mais... mais... profundo?

— Que outro sentimento poderia ser, Theodoro?

Havia tanta convicção nesta resposta que desabei de vez. Cheguei rapidamente à conclusão de que estava ficando maluco e os sonhos noturnos não passavam de alucinações.

— Desculpe, minha amiga, são esses malditos sonhos, ou alucinações, não sei ao certo. Mais uma vez desculpe — explodi num desabafo.

— Se você não me contar o sonho, como poderei ajudá-lo? — perguntou Cyrne com ar de piedade.

Isso me convenceu e foi com voz calma que disse:

— Não posso contar, me desculpe mais uma vez, devem ser fantasias de um velho caduco.

Cyrne riu. Parecia tão à vontade que minhas suspeitas se

desvaneceram de todo. Foi quando, Cyrne tocando meu braço, senti nesse contato a mesma sensação, o mesmo tato noturno de suas mãos macias. Me virei rápido em sua direção, disposto a elucidar este mistério e acabar de vez com tanta agonia. Nesse exato momento houve qualquer coisa, para mim despercebida, mas não para Cyrne, que olhando para trás assustou-se e em frações de segundos desmaterializou-se à minha visão etérica.

Cantagalo, Sítio Primavera, 16 de setembro de 1976

Os sonhos ou alucinações continuam, cada vez mais reais. Minha força de vontade desapareçeu e quero a todo custo ter Cyrne à noite em minha cama.

Acho que estou perdendo a razão. Me sinto a cada dia mais fraco. Minha energia vital se esvai a cada noite de prazer ou pesadelo.

Cantagalo, Sítio Primavera, 29 de setembro de 1976

Durante esse tempo todo não vi Cyrne uma vez sequer durante o dia; em compensação, todas as noites, à mesma hora, ela me visita e temos uma relação de loucuras inenarráveis...

Já não posso viver sem essas noites de prazer... Estou a cada dia mais dependente e mais fraco. Embora, nos meus momentos diurnos de lucidez, lute para afastar de mim esses encontros pecaminosos, acabo por ceder e me entregar ao desvario de esperar outra noite.

Cantagalo, Sítio Primavera, 30 de setembro de 1976

Estou perdidamente apaixonado por Cyrne.

Já não consigo separar o sonho da realidade. Mas será que são realmente sonhos? Começo a duvidar seriamente de minha sanidade mental. Afinal, que importa, se tenho todas as noites Cyrne me amando?

Pressinto que vou morrer uma noite dessas em seus braços...

Cantagalo, Sítio Primavera, 10 de outubro de 1976

Eram quatro horas da tarde deste dia. Dormitava, exausto pela noite mal dormida, em meu escritório, quando Cyrne apareceu de repente.

— Meu amor — disse, pousando as duas mãos em meus ombros.

— Então é verdade? Você é real? Não é um sonho, uma alucinação dos meus sentidos? — perguntei, no auge da alegria.

— É bem real, Theodoro, estou apaixonada por você.

— Que bom que você veio mais cedo — eu disse, me levantando e abraçando-a carinhosamente.

— Saudades — disse Cyrne, com um sorriso nos lábios.

Fiquei calado por alguns instantes, sentindo o calor de seu corpo, que dia a dia achava mais sólido, mais presente aos meus sentidos físicos.

O enlevo durou pouco. Voltei, sem querer, às minhas dúvidas e reações que costumava ter durante o dia.

— Você não acha que está errada esta nossa relação íntima?

— Errada por quê?

— Porque pertencemos a reinos diferentes.

— Não me importo com essa diferença.

— Mas devia se importar, pois acho que a estou prejudicando.

— Prejudicando em que sentido?

— No sentido de sua evolução espiritual.

— Sabe para onde leva minha evolução espiritual?

— Para o reino Dévico, é claro!

— E se eu não quiser ir para o reino Dévico?

— Se não quiser ir?

— É, se não quiser ir! — exclamou Cyrne, desprendendo-se dos meus braços.

— Para onde deseja evoluir?

— Para o reino hominal!

— Você acha que nossa relação íntima vai levá-la para o reino humano?

— Acho!

— Você quer encarnar como ser humano? — insisti na pergunta.

— Quero!

— E nossa relação é a maneira mais fácil de conseguir seu objetivo?

— Acho que sim.

Fiquei sem saber o que dizer, olhando para aquela moça linda à minha frente. Cyrne deu um sorriso.

— Em nosso convívio aprendi uma coisa muito importante — disse — me olhando de forma apaixonada,

— O que foi?

— Que o amor é a lei maior que existe no Universo. O amor transcende qualquer coisa e através do amor até uma Sílfide pode entrar pela porta estreita que leva ao reino hominal.

Ainda estava espantado com essas revelações, quando a porta se abriu de repente e Madalena entrou no escritório.

— O senhor me chamou, professor, ou está falando sozinho?

Madalena não deve ter visto Cyrne, pois manteve-se calma como sempre, sem nenhum gesto de espanto.

— Estou muito ocupado, falando comigo mesmo — respondi, quase empurrando minha boa governanta para fora do escritório.

Madalena saiu, sacudindo a cabeça. Quando me virei, Cyrne já não se encontrava mais no escritório.

Cantagalo, Sítio Primavera, 1º de novembro de 1976

Não tive tempo nem vontade de escrever em meu diário.

Dormitava quase o dia todo, um cansaço muito grande me tolhia para qualquer outra tarefa. Queria é estar bem acordado à noite, para receber Cyrne em meu leito.

Todas essas noites, sem faltar uma sequer, eu e Cyrne vivemos intensamente nosso romance.

Já não tenho mais dúvidas ou receios, já não faço mais restrições ou análises éticas, o que eu quero é ter meu amor em meus braços e o resto pouco me importa.

Que felicidade! Cyrne agora vem sempre mais cedo e por volta das 10 horas já nos encontramos no leito, nos amando sem parar até o dia seguinte.

Fico impressionado com a energia que possuo durante a noite, em contraste com a fadiga enorme que sinto de dia. Sinto-me jovem, o sangue flui em minhas veias e artérias e rejuvenescido entrego-me aos prazeres dos sentidos intensamente. Perco a conta de quantas vezes desmaio de prazer, para despertar em novas relações mais forte e realizado.

Durante o dia, sinto que não resisto ao mais leve esforço. É com grande sacrifício que escrevo estas linhas, pois uma exaustão enorme se apodera de mim, a ponto de sentir um peso insuportável na caneta que seguro.

Mas que importa esta canseira, este desânimo e esta falta de energia, se de noite tenho meu amor em meus braços?

Cantagalo, Sítio Primavera, 30 de novembro de 1976

Poderia viver a vida inteira somente do seu amor. Cada noite é um paraíso de delícias, uma realização completa e inesquecível.

Ultimamente só existe uma motivação em minha vida: As maravilhosas noites que passo com Cyrne. Nada mais me importa, quero morrer amando, eu, que em toda a minha vida jamais tive um amor sequer.

Cyrne é minha própria vida, minha diretriz, o ar que respiro, minha verdade, meus anseios, minhas aspirações e todas as minhas idealizações...

Cantagalo, Sítio Primavera, 20 de dezembro de 1976

Há mais de 20 dias que não escrevo minhas emoções e experiências neste diário. Esse tempo todo foi dedicado a Cyrne e as noites que vivi de felicidade não me deixaram tempo algum para escrever, estudar e fazer meus exercícios. Também, não tinha condições físicas para tais práticas, pois o cansaço aumentara e quase não tinha forças para me mover. Como eram diferentes as noites, em que repleto de energia me entregava aos maiores excessos!!!

Tudo aconteceu de repente. Foi na dolorosa noite de 19 para 20 deste mês que os acontecimentos se precipitaram.

Está muito confuso em minha mente, mas acho que podiam ser 5 horas da manhã, depois de uma noite de loucuras, que Cyrne, levantando-se, me disse:

— Theodoro, acho que devemos nos separar.

Estas palavras soaram nos meus ouvidos de forma fria, impessoal. Levei um susto e não querendo acreditar no que ouvia, perguntei gaguejando:

— Se... separar por... por quê?

— Porque terminei o que tinha que fazer.

— Não entendo — pude dizer — o que você tinha que fazer? — Cyrne não respondeu minha pergunta. Cada vez mais fria e ausente disse:

— É, meu amigo, terminou.

Fiquei aturdido, sem saber o que dizer ou o que fazer. Não conseguia pensar direito, mas mesmo assim, fazendo um grande esforço, com voz quase chorosa tentei argumentar.

— Que idéia é essa? Como pode, depois de me amar intensamente, dizer com toda a frieza que terminou?

— Tudo na vida tem um princípio e um fim — foi a resposta de Cyrne.

— Nosso amor não pode ter um fim — eu disse desesperado.

— Tanto pode que está tendo agora — disse Cyrne, com voz cortante e fria.

— Como você pode ser tão insensível?

— Insensível, eu? Sou apenas prática!

— Prática! Como pode dizer uma coisa dessas?

— Ora, Theodoro, todo prazer não é infinito, um dia acaba. Hoje acabou!

— Mas não pode acabar — eu teimei gritando, já no limiar do desespero.

— Calma, Theodoro, não precisa se descontrolar. Sejamos razoáveis e ponderados.

— Razoável! Como você quer que eu seja razoável? Entreguei minha vida a você, dei tudo que havia de melhor dentro de mim e agora você me diz que tudo acabou. Como pode querer que eu seja ponderado e razoável?

— Você me entregou sua vida, como diz, espontaneamente. Eu não pedi nada, como também nada prometi; logo, o que demos um ao outro foi porque ambos quisemos. Assim, não havia nenhum compromisso entre nós, nenhuma obrigação que determinasse a eternidade desse amor, por isso tudo posso terminar esse envolvimento na hora que quiser.

— Como você, depois de tudo que desfrutamos juntos, pode ser tão fria?

— Eu, fria?

— Sim, Cyrne, fria e impiedosa.

— Impiedosa por quê?

— Porque não vê meu sofrimento, minha dor com essa separação.

Cyrne deu uma gargalhada e ironicamente disse:

— Não seja piegas, enfrente a realidade.

Atônito com essa discussão e apavorado por sentir que perdia aquilo que mais queria na vida, supliquei, agora de joelhos na cama:

— Por favor, meu amor, não me deixe.

Tentei segurar suas mãos, mas as minhas passaram pelo vazio. Seu corpo inteiro agora, momentos atrás tão sólido, era como o inconsistente vapor de água. Foi horrível. Cyrne continuou rindo e eu, com os olhos do desespero, fixei a Sílfide. Seus cabelos estavam amarfanhados e no rosto uma expressão estranha. Pude então vê-la melhor. Seu rosto, antes tão belo, apresentava uma carantonha malévola, seus lábios crispados tinham um ríctus apavorante, sua testa marcada por profunda ruga e seu queixo apresentava uma deformidade que dava ao conjunto um aspecto diabólico.

Esfreguei os olhos com força. Não queria acreditar no que estava vendo. Um suor frio desceu por minha espinha e foi gritando que consegui dizer:

— Você... você não é Cyrne. Quem é você?

Um riso escarninho, distônico e estridente cortou o silêncio do quarto.

— Grande descoberta! Grande descoberta, seu idiota!

Deu um grito pavoroso. Acho que perdi os sentidos, pois não me lembro de mais nada e quando, manhã alta, acordei, ficou apenas em minha retina aquela figura decomposta, grotesca e em meus ouvidos o som daquele grito inumano.

Por três dias seguidos fui acometido de febre alta, guardando o leito num estado de semiconsciência.

Cantagalo, Sítio Primavera, 24 de dezembro de 1976

Véspera de Natal. Talvez seja este o último Natal para mim.

Tranquei-me dentro de mim mesmo. Penosa prisão voluntária, vendo as horas e os dias passarem diante de meus olhos aturdidos, estirado no sofá do escritório. Não queria ver nem falar com ninguém.

As noites são quase insones, entrecortadas por breves instantes de sono sem sonhos...

A cada dia que passa sinto-me mais fraco. Não parece ser uma fraqueza física, mas um cansaço da alma. Uma tristeza enorme me invade e sinto que não quero mais viver...

Até hoje, apesar de inúmeros esforços para elucidar o mistério, não consigo compreender as atitudes e o comportamento de Cyrne. A princípio tão meiga, sábia e compreensiva, depois amante ardente e constante e, por fim, quase um espírito malévolo, uma bruxa desalmada.

Quase enlouqueço quando esses pensamentos vêm a minha mente... Por mais que tente, não consigo entender...

Já me passou várias vezes pela cabeça que tudo não passou de um sonho, uma alucinação e estou realmente ficando insano... Não sei! Talvez nunca saiba...

Cantagalo, Sítio Primavera, 2 de janeiro de 1977

Estou cada dia mais triste e sem vontade de viver. Não procuro mais reagir ante o cansaço, que aumenta gradativamente a cada dia que passa.

Hoje consegui a muito custo redigir meu testamento. Vou

tentar escrever uma carta ao meu velho amigo Ricardo Bonina, dando instruções quanto ao cumprimento de meus últimos desejos. Embora não veja esse querido amigo há longos anos, tenho certeza que ele fará cumprir o que determina o testamento. Para as providências legais e o contato com meu advogado, minha boa amiga e governanta Madalena já possui as instruções necessárias.

Hoje, depois de engolir, quase que obrigado por Madalena, uma sopa de legumes, tive alguns momentos de plena lucidez e pude raciocinar melhor, coisa que não conseguia fazer há meses. Não cheguei a conclusão alguma sobre o caso Cyrne. Seu comportamento foge a todas as regras e conhecimentos que tenho sobre os elementos.

Agora, veio se juntar à fraqueza e tristeza que sinto, uma mágoa sentida. Uma dor que penetra fundo dentro de minha alma.

Nesse momento, sei perfeitamente o que quero. Não desejo mais viver...

Cantagalo, Sítio Primavera, 5 de fevereiro de 1977

Estou muito fraco. Sinto que não existe mais dentro de mim um pingo de energia vital. Impressão errônea, pois continuo vivendo, ou melhor, me arrastando pela vida.

Talvez, por meu estado de fraqueza, não consigo mais enfocar minha visão etérica, outro motivo de desespero e maior tristeza, pois sempre havia bem no fundo do meu espírito uma remota esperança de tornar a ver Cyrne.

Já não mais desejava, juro por Deus, tornar a ver aquela Cyrne que me amava de noite, mas sim a outra, que à sombra da mangueira, nos fundos de meu sítio, me descortinava os segredos e mistérios do reino elemental.

Acho que estou delirando, pois ultimamente distingo em minha mente enfermiça duas Cyrnes distintas...

Como eram belos, puros e absorventes aqueles encontros inocentes...

Cantagalo, Sítio Primavera, 18 de fevereiro de 1977

Hoje acordei mais cansado do que nunca, embora tenha dormido um pouco melhor.

Reclinado no sofá do escritório, pensamento distante, recordo de repente um sonho.

Como é bom sonhar! Há muito tempo não sabia o que era ter sonhos assim tão bons.

Cyrne aparecia no sonho nos fundos do sítio. Já me esperava junto à mangueira, sentada na grama. Ia ao seu encontro, lépido, sem tristeza ou canseira alguma. Seus olhos azuis brilhavam no rosto rosado de linhas perfeitas e seus lábios se abriram num sorriso brejeiro. Tomava minhas mãos entre as suas e então, séria, me dizia:

— Meu pobre e querido amigo Theodoro! Reaja, volte a ter alegria de viver, pois nem tudo está perdido.

Eu ficava parado em sua frente, repleto de felicidade, enquanto Cyrne continuava falando:

— Reúna todas as suas forças, suplique ao grande Pai muita coragem e esperança para prosseguir em sua jornada na carne.

_ Como posso ter coragem e esperança para viver sem você? — eu disse no sonho.

— Theodoro, meu amigo, o pior crime que existe no Universo é querer conscientemente liquidar o invólucro de carne, pensando que está pondo em liberdade a alma. O corpo de carne deve ser cuidado com muito carinho, pois é o veículo que a espécie humana possui para fazer seu aprendizado evolutivo. A morte deliberada do corpo físico só conduz a grandes sofrimentos, atraso espiritual, por isso, meu amigo, lute para viver tão avidamente assim como necessita de ar a cada instante.

Tentei responder, mas Cyrne começou a desaparecer lentamente, até que restou apenas o suave perfume de sua presença.

Infelizmente, foi apenas um sonho...

Cantagalo, Sítio Primavera, 25 de fevereiro de 1977

O médico que veio me ver, por insistência de Madalena, depois de um rigoroso exame, não constatou nenhuma doença grave. Diagnosticou uma grande estafa e depois de cobrar um dinheirão pela visita receitou alguns fortificantes e vitaminas, que não tomei.

A extrema fraqueza se acentua. Sinto dificuldade até para falar. No íntimo de meu ser, embora ainda exista o instinto de conservação, há um desejo mais forte, insistindo para que a morte venha o mais rápido possível.

Estou plenamente consciente de que não me aflige mal algum, nenhuma doença grave, apenas não desejo mais viver. Este sentimento é cada dia que passa mais forte e, indiferente, deixo que se apodere de mim...

Cantagalo, Sítio Primavera, 3 de março de 1977

Hoje consegui escrever um bilhete para meu grande e saudoso amigo Ricardo Bonina.

Não encontro um motivo plausível, mas acordei desejando a presença desse meu amigo, que não vejo há mais de vinte anos. Não sei. Mas parece que o instinto de conservação é hoje mais forte e talvez a simples presença desse querido amigo possa ser o bálsamo que necessito, o fio de esperança que inconscientemente almejo e modifique essa vontade insistente que me conduz para a autodestruição. Quem sabe?

Cantagalo, Sítio Primavera, 4 de março de 1977

São sete horas da manhã. Minha vida inteira, em seus mínimos detalhes, passou diante dos meus olhos, como um filme que se projeta na tela de um cinema.

O cansaço é inenarrável. Mal posso abrir os olhos...

Sinto que a vida se esvai do meu corpo pouco a pouco...

Não sei...

Capítulo 2

Rudgero olhou em volta, verificando se estava tudo em seus devidos lugares. A espécie de laboratório estava em ordem, pois o mago aprovou com um resmungo acompanhado por um movimento de cabeça. Passou uma pesada tranca na porta e depois deitou-se numa enxerga, fechando os olhos e permanecendo por uns dois minutos em absoluta imobilidade, mão direita espalmada, comprimindo ligeiramente o plexo solar. Nem bem terminaram os dois minutos de imobilidade e já Rudgero saía em astral.

O mundo astral sempre foi o "habitat" favorito dos magos negros, por três razões fundamentais. Primeiro, no mundo astral um mago fica liberto do peso do corpo físico, podendo, por isto, locomover-se à vontade sem a barreira das distâncias; segundo, porque fica quase que imune, não podendo ser atingido ou lesado por agentes externos e finalmente a terceira razão, que é ficar em contato direto com magos negros desencarnados que habitam este plano ou mundo e ainda com seu Mestre, mago negro que usa permanentemente o mundo astral.

É de suma importância fazer-se alguns pequenos esclarecimentos sobre este plano ou mundo, para maior facilidade do leitor poder acompanhar a continuação da narrativa.

O mundo ou plano astral não se situa em algum lugar no espaço, existe em outra dimensão de consciência. Desta forma, todo e qualquer átomo físico flutua em um mar de matéria astral, envolvendo e interpenetrando todos os interstícios da matéria física. Os átomos astrais são de grande elasticidade e constante movimentação, existindo em sete graus ou ordens de matéria, que vai da mais densa à mais sutil. Como até hoje não se conseguiu dar nomes adequados para estas gradações de matéria, conhecemos sete subplanos de matéria astral, onde o primeiro subplano é composto de matéria astral mais sutil e o sétimo subplano mais densa. Usa-se, por este motivo, uma correspondência com os nomes dados à matéria física e teríamos assim, do sétimo ao primeiro subplanos, as seguintes denominações ou graus de matéria astral: atômica, subatômica, superetérica, etérica, gasosa, líquida e sólida. Não se encontra, evidentemente, matéria astral sólida, nem líquida, etc., são apenas correspondências de textura, na falta dos nomes adequados.

Um conceito de grande importância é saber que um ser que viva no mundo astral ocupa o mesmo espaço que outro que habite o mundo físico, sem que sejam conscientes um do outro, nem tampouco seus movimentos sejam bloqueados ou interceptados. Este princípio da interpenetração, fundamental para a compreensão do mundo astral, nos permite entender com clareza que os diferentes planos e subplanos podem ser percebidos ou investigados sem que se necessite mover em espaço. Desta forma, pode-se concluir que os sete subplanos astrais e o próprio mundo astral são uma condição da natureza, não uma localidade.

A grande maioria dos seres humanos pouco conhece do mundo astral e para esta imensa maioria não passa de uma massa amorfa em que não são capazes de atuar, movimentar-se e mesmo conhecer em plena consciência.

O corpo astral humano pouco difere da forma física à visão clarividente. Este corpo está rodeado por uma aura de cores cintilantes, composto de matéria mais sutil e é o veículo pelo qual o homem expressa todos os seus sentimentos, paixões, desejos e emoções. Por conseguinte, o mundo ou plano astral é o mundo dos desejos.

A plena consciência dos sete subplanos varia de acordo com o estado evolutivo do Ego. Desta maneira, um Ego que se encontre desencarnado no terceiro subplano não terá consciência do segundo e primeiro subplanos, porém terá consciência do quarto, quinto, sexto e sétimo subplanos. Este exemplo serve para qualquer Ego em qualquer subplano, ou seja, o imediatamente superior tem consciência do inferior, mas o inferior não tem do superior.

Os magos negros que fazem do mundo astral seu habitat quase que permanente têm plena consciência de todos os subplanos e neles atuam livremente.

Além dos magos negros e seus discípulos que habitam o mundo astral, encontramos uma variedade enorme de seres que têm ali sua morada. Encontramos neste plano **entidades humanas, entidades não-humanas e artificiais**. As entidades humanas são as que estão fisicamente vivas e as mortas. As fisicamente vivas são: pessoas comuns que por este plano transitam durante o sono físico; os psíquicos ou sensitivos; os Adeptos ou Magos Brancos e seus discípulos, e finalmente, como já vimos, os Magos Negros e seus discípulos. As mortas fisicamente são: desencarnados, sombras, cascões, cascões vitalizados, magos negros e seus discípulos esperando reencarnar e os Nirmanakayas, que são entidades que ainda usam o mundo astral para ajudar os seres encarnados. As entidades não-humanas são: essência elementar, que são as células que compõem a matéria dos sete subplanos astrais; os corpos astrais dos animais; os espíritos da natureza e os Devas ou Anjos. As entidades artificiais são: elementares formados inconscientemente; elementares formados conscientemente e os artificiais humanos formados por artes da magia negra. Os artificiais, também ditos elementares, são os pensamentos-forma, pois pela extrema elasticidade das células astrais todo e qualquer pensamento produz uma forma no mundo astral. Esses pensamentos tendem a se desvanecer em poucos segundos; porém, se se mantiver um pensamento por várias horas, mentalizado todo o dia, depois de algum tempo de permanente mentalização esta forma irá ter uma existência no mundo astral. São as chamadas egrégoras. Um exemplo bastante claro e preciso é o diabo dos cristãos. Alimentado por vários pensamentos durante mais de dois mil anos, esta entidade passou a ter existência no mundo astral, independente de seus criadores.

A produção dos pensamentos-forma tem como princípios ou regras: a coloração: dependente da qualidade do pensamento; a forma: determinada pela natureza do pensamento; a nitidez: determinada pela precisão do pensamento. Os pensamentos-forma podem ainda ser classificados em três classes: as vinculadas a uma pessoa; as vinculadas com outra pessoa; as que não são precisamente pessoais.

Outra particularidade bastante interessante do mundo astral é a quarta dimensão. No nosso mundo físico existem três dimensões, que são comprimento, largura e altura; no mundo astral existem quatro dimensões. Desta forma, um ser atuando no mundo astral terá a visão de qualquer objeto como um todo, ou melhor, verá ao mesmo tempo, simultaneamente, o objeto visualizado por todos os seus lados.

Rudgero atravessou o umbral sombrio e enevoado, onde milhares de seres infelizes, ululantes, sofriam as penas de suas próprias ações criminosas e atingiu o último subplano do mundo astral. O Barão de Ratzinger já o esperava.

— Salve, Mestre — disse Rudgero curvando ligeiramente a cabeça.

Ao leitor poderá parecer estranho, fora de propósito, o diálogo que iria se verificar nesse plano; porém, no mundo astral existe ainda a barreira do idioma e as entidades que ali vivem se agrupam pela língua que falavam quando encarnadas, comunicando-se conseqüentemente através da palavra falada.

— Salve — respondeu o Barão e entrou logo no assunto que motivara esse encontro. — Continua com os mesmos propósitos, no que tange à sua vingança?

— Continuo, Mestre, dela não me afasto, nem me afastarei enquanto não atingir meu objetivo. É claro que com sua permissão e auxílio.

O Barão não respondeu e fez nova pergunta:

— Como está o andamento do efeito mágico contra o professor Theodoro?

— Caminhando de acordo com o que havia planejado.

O outro pareceu satisfeito, pois deu um escarninho riso curto e imediatamente tornou a perguntar:

— Acha que ainda demora muito tempo?

— Não, foi feito de tal maneira que em poucos meses teremos mais um ao nosso dispor.

— Continuo, conforme lhe prometi, mantendo Masteros aprisionado no quarto subplano astral — disse o mago negro, mudando de assunto.

— Desejava vê-lo no umbral, sofrendo mil vezes por dia. Sofrendo a cada minuto, revivendo a cena do assassinato do meu filho — disse Rudgero, rilhando os dentes de ódio.

— Não se preocupe. Embora ele esteja em um plano mais elevado que o umbral, eu e meus quatro discípulos evocamos para ele, pelo menos sete vezes por dia, a cena a que você se refere.

— Eu agradeço muito, Mestre, de vez que ainda não posso atingi-lo como desejava.

— Deixe este pequeno problema aos meus cuidados —

disse o Barão.

— E meu filho?

— Agora dorme um sono sem sonhos.

— Por quanto tempo?

— Creio que alguns anos, à espera de nova encarnação.

— Tenho muito medo de prejudicá-lo.

— Agora é tarde para recuar.

— Não pretendo recuar.

— Acho muito bom! O compromisso que assumiu comigo, quando o ajudei naquele momento de aflição, só terminará com a consumação dos tempos.

— Não estou me queixando, Mestre, mas imploro: deixe aquele que foi meu filho querido prosseguir, sem intervenções, sua jornada evolutiva.

— Não se preocupe, Rudgero, para mim basta sua submissão. Para mim é suficiente sua obediência irrestrita às minhas ordens.

— Poderia vê-lo? — perguntou Rudgero.

— Para quê? Que importa isso agora?

— Apenas uma vez, Mestre.

— Não — disse o Barão em tom seco. — Você só iria atrasar seu processo evolutivo e como você mesmo diz, não deseja de modo algum que isso aconteça.

— E Masteros? — perguntou Rudgero, conformado.

— Esse, você não necessita meus préstimos ou minha licença para vê-lo.

— Eu sei, Mestre, minha pergunta é quanto tempo ele sofrerá nesse subplano o crime que cometeu?

— Não é necessário inventar um nome para aquilo que quer, pois você sabe, tão bem quanto eu, que Masteros não cometeu crime algum e por esse motivo, independente de minhas evocações diárias, ele um dia irá se libertar de suas próprias fantasias. Fantasias que criei, é claro, mas que ele mesmo alimentou com a matéria astral à sua disposição.

— Compreendo.

— Veja bem, Rudgero, essa culpa que você chama de crime é totalmente artificial. Eu aproveitei apenas um sentimento de culpa e o transformei no crime que você desejava. Porém, vai chegar a um ponto em que ele mesmo, por desgaste das cenas que criei, se libertará por si mesmo.

— O que espero que não seja tão cedo.

— Não tenho tanta certeza. Tem havido um movimento muito grande dos auxiliares invisíveis. Meus quatro discípulos têm lutado muito contra essas energias e eu mesmo não sei como terminará. Através dos meta-poderes, que são enormes, pude sentir que estas falanges são emanadas de um grande Mestre da Confraria Branca, mas estou fazendo o possível e o impossível para sustentar esta situação.

— Não há outra solução, outra coisa que se possa fazer?

— Um confronto direto com as forças da Confraria Branca seria desastroso. Podemos, sim fazer, e estamos fazendo, uma ação indireta, trabalhando nas sombras, para podermos obter o resultado que queremos.

— Mas a parte maior foi feita. Masteros se encontra prisioneiro dos pensamentos-forma que o senhor criou.

— Um simples erro médico, um diagnóstico errado, que transformei num drama, com todos os corolários de pesar, arrependimento e culpa — disse o Barão com orgulho. — Se conseguir, de forma indireta, sustentar a batalha contra as falanges brancas, mesmo que seja por pouco tempo, terei criado minha obra-prima.

— Uma encenação digna de um grande artista — disse Rudgero. — Orgulho-me de possuir um mestre tão competente.

— Ninharias!

Houve um momento de silêncio entre o mago negro e Rudgero. Foi o Barão Ratzinger quem rompeu o mutismo.

— Que notícias me dá sobre a Sílfide? Você sabe muito bem que ela ficou inteiramente a seus cuidados.

— Estou a meio caminho das invocações.

— Que, espero, atinjam seus propósitos o mais breve possível.

— Não há de demorar, Mestre.

— E quanto ao professor Theodoro? Qual o real motivo de ele entrar em sua vingança?

— Foi discípulo de Masteros, seu irmão, seu amigo muito querido. Nada consegui, ou melhor, não pude fazer quase nada contra ele quando encarnado, por isso atinjo seu pupilo.

— Com que fim?

— O senhor não disse que mais dia menos dia Masteros se liberta?

— Disse.

— Então, Mestre, ele ao despertar plenamente sentirá, com grande sofrimento, toda a dor de seu discípulo Theodoro.

— Vejo que você progrediu muito, depois que se entregou voluntariamente às minhas ordens.

— Procuro copiar tanto quanto possível meu grande Mestre — disse Rudgero, humilde.

— Folgo em saber.

— Quais são as ordens imediatas?

— Procure ficar em corpo físico o mínimo de tempo possível. Continue as invocações mágicas para submeter a Sílfide à sua vontade. Depois, trabalhe no sentido de trazer o professor Theodoro para nossas fileiras.

— E meu plano de vingança contra ele?

— Conseguindo trazê-lo para nosso lado sua vingança, que agora também é minha, pois o adotei como filho e pupilo, será muito maior e poderá durar por algumas encarnações do professor.

— Ah! Compreendo, Mestre!

— Caso não seja possível trazer Theodoro para nossas fileiras, entrego-o à sua vontade. Muito breve estaremos juntos outra vez e então receberá novas instruções — finalizou o Barão Ratzinger.

— Sempre às suas ordens, Mestre. Todo o meu ser lhe pertence — disse Rudgero, despedindo-se.

Estamos no mês de julho de 1976. Depois da conversa de Rudgero com seu superior, o mago negro Barão Ratzinger, vamos encontrá-lo em seu laboratório alquímico.

Rudgero colocou dentro de uma trípode um óleo viscoso, jogou algumas ervas em seu interior e ateou fogo. Uma fumaça espessa se elevou no ar, enchendo quase totalmente o laboratório atulhado de mesas e objetos estranhos. Acendeu, em um candelabro de oito braços, oito velas negras, que estalaram silvando. Traçou com uma espécie de giz preto um triângulo eqüilátero à sua frente, no chão, orientando um dos seus vértices para o ponto cardeal nordeste, onde acendeu em suas extremidades outras três velas negras. De pé, de frente para o triângulo, fez uma invocação em língua estranha; depois, em tom solene de voz, comandou:

— Eu, Rudgero, mago por direito e poder dos Irmãos da Sombra, filho do Barão Ratzinger, mago supremo da Grande Confraria Negra do Tibet, das terras de Tashilumpo, por outorga direta e com os poderes mágicos que o Mestre me confere, conjuro e ordeno que se materialize em sua forma etérica a Sílfide Cyrne, presa aos laços fluídicos que derramo sobre o triângulo mágico.

Rudgero, estático, em grande concentração, esperou. Repetiu por três vezes a invocação, seguida sete vezes pela palavra mágica Belphegor, que pronunciou acentuando sílaba por sílaba. As velas acesas nos vértices do triângulo oscilaram, depois aumentaram sua chama até atingir uns 60 centímetros de altura e quando baixaram a seu tamanho normal um vento soprou forte. De cima para baixo, e dentro do triângulo, pouco a pouco começou a se materializar etericamente Cyrne.

— Sob o meu comando — disse o mago em voz pausada mas firme — é impossível sair do triângulo mágico!

— Que quer de mim? — perguntou Cyrne, com voz tênue.

— Ordeno que siga minhas ordens!

— Quais são as ordens? — perguntou Cyrne, que parecia sonâmbula, falando muito baixo, inteiramente submetida.

— Obedecer-me incondicionalmente.

— Se não quiser obedecer?

— Impossível — disse Rudgero. — Você entrou em contato com um humano, com isto criou uma vibração que aproveitei para, atuando nela, transformá-la em poder-vontade que agora uso para sujeitá-la.

— Eu obedeço — disse Cyrne, depois de verificar que estava à mercê do mago.

— Quem ordena?

— O mago Rudgero — respondeu a Sílfide de forma automática.

— Quem comanda?

— O mago Rudgero — tornou a responder Cyrne.

— Quem é seu Mestre?

— O mago Rudgero.

— De quem é sua vontade?

— Do mago Rudgero — respondeu Cyrne, agora totalmente dominada pelo poder do mago negro.

— De quem é sua sabedoria?

— Do mago Rudgero.

— De quem é sua atividade?

— Do mago Rudgero.

— Fale! — ordenou o mago.

— O que ordena, Mestre?

— Uma ordem justa, Cyrne.

— Qual é a ordem?

— Sei que você deseja evoluir para o reino hominal em vez do reino Dévico. É este seu desejo?

— Sim, Mestre.

— Eu posso concretizar seu desejo.

— Que devo fazer?

— Obedecer-me cegamente.

— Eu obedeço.

— Sua vontade tem que ser minha vontade.

— Sim, Mestre, sua vontade.

— Seu desejo o meu desejo.

— Sim, Mestre, seu desejo.

Rudgero fixou as velas do triângulo. Chispas coloridas escaparam de suas chamas e em volta da Sílfide começou a se formar um aro marrom-escuro, fosforescente, que foi aumentando até formar uma verdadeira parede circular, isolando Cyrne do exterior. A Sílfide, que já estava subjugada, viu nesse momento a total impossibilidade de qualquer reação, ou de escapar das garras do mago negro.

— Quero que você abandone de vez o professor Theodoro. Não quero mais nenhum contato entre você e ele.

— Abandonar de vez o professor Theodoro — Cyrne repetiu a ordem dada.

O mago sorriu. Um sorriso de triunfo.

— Muito bem, Cyrne, este é o meu desejo; logo, o seu desejo. É também minha ordem!

— Que vai fazer de mim?

— Minha serviçal.

— Até quando?

— Até servir completamente aos meus propósitos.

— E minha evolução?

— Se você me servir bem, providenciarei sua entrada no reino humano.

— Mas, Mestre, são raríssimos os casos de um elemental entrar no reino hominal.

— Por acaso duvida de mim?

— Não, Mestre, não duvido.

— Então, siga minhas ordens, fique sujeita a minha vontade e como recompensa terá sua individualização assegurada.

Rudgero levantou o braço direito, com o dedo em riste na direção de Cyrne. Jatos de poderosa energia mental invadiram o corpo etérico da Sílfide, produzindo um som, uma nota chave, quase insuportável para a estrutura etérico-astral de Cyrne, imprimindo nessa estrutura a vontade do mago. Depois de verificar este efeito, Rudgero comandou:

— Que se desfaçam os laços fluídicos mágicos que envolvem a Sílfide!

Imediatamente o som desapareceu, ficando de forma definitiva na Sílfide somente a energia da vontade do mago. A parede circular de energia negativa que cercava Cyrne se desfez.

— Que se apaguem as velas no triângulo mágico!

As velas se apagaram imediatamente e o Mago prosseguiu:
— Que volte Cyrne ao seu reino! Agora! Pois que assim ordeno!

A Sílfide desmaterializou-se e Rudgero, ajoelhando-se em frente às oito velas do castiçal de oito braços, começou a orar em voz baixa e cadenciada. O fogo da trípoda apagou e a fumaça que dela se evolava tomou uma forma hedionda. Parecia um grande gorila cinza, olhos vermelhos injetados em uma carantonha feroz, onde se salientavam dois dentes caninos de tamanho considerável. A forma gigantesca parecia esperar uma ordem. O mago levantou-se ao final de sua oração e encarando a forma cinzenta ordenou:

— Vá, Zagreb! Reúna todos os espectros do baixo mundo astral e comece a extrair energia vital do professor Theodoro! Vá, Zagreb! — disse, em voz cortante, ao submisso e gigantesco ser ali criado.

A forma cinzenta se desfez no ar e Rudgero, dando um riso escarninho, ficou sozinho em seu laboratório.

— Minha vingança começa a tomar forma — disse em voz alta, deambulando de um lado para outro, rilhando os dentes, que se entrechocaram com um ruído que soou estridente naquele ambiente vazio.

Já por duas semanas o mago Rudgero, desprezando a ordem do Barão Ratzinger, de permanecer o maior tempo possível em corpo astral, ficava dias e noites inteiras trancado em seu laboratório.

Através de sua mentalização poderosa, minuto a minuto, sem interrupção, parando apenas para sorver um líquido esverdeado que tomava de uma grande jarra ao seu lado, criava um artificial que pouco a pouco foi tomando forma definitiva. No final da segunda semana, uma cópia exata da Sílfide Cyrne estava na sua frente. Rudgero retirou sua mentalização da figura criada. A falsa Cyrne se moveu de um lado para outro. Parecia estar presa numa rede invisível que a limitava ao espaço do laboratório. Depois, manteve-se imóvel, esperando paciente as ordens do seu criador.

Rudgero contemplou sua obra.

— Perfeito! — exclamou contente. — Já tem uma existência definitiva, independente de minha mente. Fale! — ordenou.

— Minha voz é sua voz, minha vontade sua vontade, minha atividade sua atividade e meu desejo o seu desejo — disse o pensamento-forma ali modelado.

— Muito bem — disse o mago. — Enquanto você existir pela minha vontade e sabedoria, eu serei seu guia, sua voz e toda a sua ação. Entendido?

— Perfeitamente entendido — respondeu a falsa Cyrne com voz idêntica à do mago.

— Você vai ter uma voz própria, a voz de Cyrne, embora fale apenas o que desejo que fale.

— Seja feita a sua vontade, jamais a minha — disse o artificial, já com a suave voz de Cyrne.

Rudgero dirigiu, de acordo com sua vontade, a mobilidade do artificial. Primeiro o conduziu para a direita, depois para a esquerda do aposento e finalmente o fez flutuar no ar. Aqueles exercícios duraram várias horas e por fim, satisfeito com os resultados, o mago com um simples gesto colocou o artificial numa espécie de sono letárgico, indo, exausto, descansar.

Durante um mês inteiro, Rudgero, todo dia, durante algumas horas, impregnava o artificial com sua energia e transmitia todo o conhecimento que possuía sobre o mundo astral e o reino elemental. Armazenava assim, no íntimo do pensamento-forma, além de sua energia-vontade, o cabedal de conhecimentos que seriam usados num futuro próximo.

Durante três noites seguidas, aproveitando o sono físico do professor Theodoro, o trouxe para seu laboratório e conjugou suas irradiações áuricas com as do artificial, para que houvesse uma integração mais fácil no futuro relacionamento, sem que o professor tivesse o menor conhecimento dessas operações.

Quando concluiu que a tarefa estava realizada e o artificial pronto para executar suas ordens, Rudgero tirou a falsa Sílfide do estado letárgico, adensando ao máximo possível sua estrutura etérica. Começou então a última etapa de seu trabalho.

— O que você é? — perguntou o Mago.

— Uma Sílfide do éter — respondeu o artificial, com voz idêntica à de Cyrne.

— Seu nome?

— Cyrne.

— Sua meta principal?

— O professor Theodoro.

— Ótimo — disse Rudgero, esfregando as mãos de contentamento. — Qual a única vontade que você possui?

— A vontade do mago Rudgero.

— Vou repetir por três vezes o que deve fazer — disse o mago. Primeiro você vai se aproximar do professor Theodoro, depois vai demonstrar que está apaixonada por ele. Isto feito, você irá para o leito do professor para amá-lo fisicamente — terminou o mago, repetindo a ordem por três vezes.

Rudgero tornou a pôr o artificial em estado letárgico, traçou então à sua volta um círculo negro, acendendo doze velas da mesma cor ao seu redor. Na frente do artificial, fora do círculo, riscou com giz branco um tetraedro, colocando-se bem no seu centro. Começou uma mentalização endereçado ao tetraedro, impregnando essa figura geométrica com sua vontade. Quando o tetraedro estava saturado de energia-vontade, Rudgero colocou uma vela de cera de seu tamanho no centro da figura geométrica e depois de acendê-la pronunciou algumas palavras mágicas, transferindo para a grande vela toda a potência de seus desejos. Então, comandou em voz pausada, acentuando cada sílaba:

— Enquanto durar a vela de cera acesa, que pela minha vontade há de durar sete meses, meu artificial agirá com o que foi por mim determinado, independente de novas afirmações ou ordens diárias.

As velas negras em volta do círculo estremeceram suas chamas e o grande círio, no centro do tetraedro, elevou sua chama a uma altura considerável. Depois, serena, a chama começou a queimar. O artificial parecia alheio, dentro do círculo mágico, e Rudgero, verificando todos os detalhes da operação mágica, deu-se por satisfeito.

— Não pude alcançá-lo em vida física, Masteros, mas atinjo seu discípulo, seu querido amigo Theodoro, para que você, miserável, tome conhecimento de minha vingança — disse o mago em voz alta, soltando de quando em vez uma imprecação de ódio.

Capítulo 3

Era dia de festa na mansão dos Siqueira Albuquerque, na cidade de Cantagalo.

Dona Beatriz Albuquerque, primeira dama da sociedade local, esperava a qualquer momento o nascimento do primeiro filho. O Dr. Ambrósio Albuquerque, eminente advogado e prefeito da cidade, já havia tomado todas as providências necessárias, por entre a euforia que tomara conta da família. O médico, Dr. Luiz Barreto, o melhor da cidade, facultativo amigo íntimo da família, examinara Dona Beatriz e comunicara que seu estado era satisfatório. O bebê, aliás uma menina, estava bem e em posição correta.

O Dr. Ambrósio tinha de prontidão um carro com seu motorista a postos, para, a qualquer sinal positivo do Dr. Barreto, seguir rápido para a Casa de Saúde. Cantagalo, assim julgava o prefeito, não possuía um hospital adequado para sua esposa, por esta razão deixara automóvel e motorista em frente de sua residência, para partir com a pressa desejada para a cidade mais próxima, Nova Friburgo, onde já estavam de sobreaviso o obstetra e o próprio Hospital.

Na mansão da Avenida Rodolfo Albino, totalmente iluminada, esperavam na sala de visitas o Dr. Ambrósio, sua cunhada Idalina, um advogado amigo, o Dr. Teixeira, e o presidente da Câmara de Vereadores. Conversavam baixo, talvez com medo de assustar o futuro nascituro, enquanto aguardavam o exame que naquele momento fazia o Dr. Barreto.

Tudo aconteceu de forma repentina. O Dr. Barreto entrou na sala de visitas dizendo atropeladamente:

— Não dá mais tempo. As contrações aumentaram muito depressa. Não dá mais tempo, a bolsa de água já rompeu. O parto tem que ser feito aqui mesmo.

Houve um estupor geral. Foi o Dr. Ambrósio que tomou a primeira iniciativa.

— Faça o que tem que fazer, Barreto.

— Dona Idalina — disse o médico dirigindo-se à cunhada do prefeito — a senhora vai me ajudar — e dirigindo-se aos outros — preciso de toalhas limpas e bastante água quente, rápido, por favor.

Foi um corre-corre para todos os lados, enquanto ordens eram dadas aos criados, para providenciar o que o Dr. Barreto havia pedido. O médico, ainda na sala de visitas, começou a colocar as luvas cirúrgicas e vestir um longo avental, quando o Dr. Ambrósio, preocupado, dirigiu-se ao Dr. Luiz Barreto.

— Existe algum perigo, Barreto?

— Não creio, a dilatação é satisfatória e a criança se encontra em boa posição. Não se preocupe, Ambrósio. Vamos, Dona Idalina — disse, quase empurrando-a para o corredor que dava acesso ao quarto.

Dona Beatriz contorcia-se de dor, gemendo alto, enquanto Dona Idalina, ao seu lado, limpava o suor que escorria abundante de sua testa.

— As toalhas, depressa! — exclamou o médico, dirigindo-se à serviçal que entrara no quarto, mãos cheias de toalhas limpas.

O Dr. Barreto curvou-se sobre a paciente e com voz calma, quase sussurrante, disse umas palavras de consolo à parturiente. Porém, alguma coisa aconteceu nesse momento, pois o médico, fisionomia preocupada, tomou do estetoscópio e auscultou o ventre enorme de Dona Beatriz. Mudou várias vezes o aparelho de posição e deixou escapar uma praga, seguida da observação:

— Não é possível, o coração do feto há alguns segundos atrás era perfeitamente audível.

— Que foi, Doutor? — perguntou Dona Idalina, apreensiva.

— Não...

Mas foi interrompido pelo grito de dor de Dona Beatriz.

— Que foi, Doutor? — tornou a perguntar Dona Idalina.

— Não ouço os batimentos do feto.

— Meu Deus! Faça alguma coisa, Doutor — disse Dona Idalina em pânico.

— Vou fazer um toque — disse o Dr. Barreto e com o dedo enluvado procurou sentir a posição da criança.

— Deus do céu! — deixou escapar, quase gritando — a criança está virada. Se não estiver morta, está em sofrimento.

Dona Beatriz agora urrava de dor. O médico procurou acalmá-la.

— Calma, Dona Beatriz, calma, já já acaba.

— Pelo amor de Deus, Dr. Barreto — gemeu a pobre no auge do sofrimento.

— Depressa, Doutor! — exclamou Dona Idalina, que torcia as mãos de desespero.

O médico com as mãos procurava virar a criança, que, em apresentação de nádegas, tornava muito difícil a manobra. Outra vez o Dr. Barreto usou o estetoscópio e finalmente deu com voz soturna a sentença final.

— A criança está morta. Temos agora que salvar a mãe.

Dois gritos de dor completaram a frase do médico.

— Ambrósio! Ambrósio! — gritou Dona Idalina a plenos

pulmões chamando o cunhado. E dirigindo-se à copeira, que ainda permanecia no quarto, continuou aos berros, descontrolada: — Vá, menina, depressa, chame o Doutor Ambrósio.

A copeira saiu desabalada do quarto, enquanto Dona Beatriz desmaiava de dor e de desespero. O Doutor Ambrósio, branco como cera, entrou pelo quarto adentro.

— O que houve, Barreto?

— A criança infelizmente está morta, vamos tratar de Dona Beatriz enquanto ainda há tempo — disse sem nenhum rodeio o Dr. Barreto.

— Não pode ser, Barreto! Não pode ser! Minha filhinha, Meu Deus! Minha filhinha! Não pode ser, Barreto! Não pode! — e rompeu num pranto alto, convulso.

— Menina — disse o médico dirigindo-se à copeira, em tom de voz aparentemente calmo — leve o Doutor Ambrósio daqui.

— Não. Quero ficar. Preciso ficar — disse o prefeito, voz arrastada, aferrado nesta resposta.

— É melhor...

Foi interrompido pelo outro

— Já disse que quero ficar, devo ficar. Deve haver alguma coisa que se possa fazer. Salvar minha filha.

O médico deu de ombros e enquanto Dona Idalina tentava reanimar Dona Beatriz se dispôs a iniciar o seu trabalho. Nem bem chegara perto da cama, quando a porta se abriu abruptamente e um homem estranho, muito alto, seguido de perto pelo Doutor Teixeira, que tentava barrar seus passos, entrou calmamente no quarto. O Doutor Ambrósio, meio cego de dor, não fez nenhum gesto de surpresa ou indignação pela presença do intruso, continuou apático, cabeça baixa, as lágrimas correndo, grossas, abundantes, descendo pelo seu rosto. Naquela casa ninguém conhecia aquele homem e foi o Dr. Luiz Barreto quem tomou a iniciativa, interpelando-o:

— O que faz aqui? Quem é o senhor? Saia imediatamente! Saia! — completou em voz irritada.

O homem estranho cruzou com toda a calma os dois braços no peito e com voz mais calma ainda disse:

— Sou aquele que vem salvar esta criança e esta mulher.

Houve um instante de indecisão e estupor geral. Afinal o Doutor Ambrósio, parecendo sair de sua inércia mental e física, se dirigiu ao estranho.

— Quem é o senhor?

— Aquele que veio salvar sua filha — tornou a dizer, muito calmo, o homem estranho.

— A criança está morta — disse o médico quase gritando.

— Se quiser, Ambrósio, mando botar imediatamente este intruso na rua — disse o Doutor Teixeira que ainda permanecia na porta entreaberta.

— Um momento — disse o prefeito — deixemos que fale este senhor — completou o Doutor Ambrósio, agarrando-se desesperado ao que seria talvez uma nova esperança.

— Afirmo que posso salvar sua filha, Doutor Ambrósio — disse o estranho.

— O senhor me conhece? — Foi o que pôde perguntar nesta hora trágica o prefeito.

— Nada disso importa agora. Não vamos perder tempo em discussões ou apresentações. Afirmo mais uma vez, posso salvar sua filha.

O tom de voz do estranho era incisivo, repleto de certezas, capazes de não suscitarem dúvidas. Houve alguns segundos de silêncio profundo, quebrado pela voz irritada do médico:

— Por acaso o senhor é médico?

— Já disse que o que importa é salvar esta criança — disse o estranho, agora alterando o seu tom de voz, anteriormente muito tranqüilo.

Seus gestos e seu tom de voz eram tão confiantes, que o Doutor Ambrósio ficou na dúvida. Lutava interiormente entre a razão e a esperança. Não sabia ao certo que caminho tomar. Foi Dona Idalina, que segurava a mão de Dona Beatriz semidesmaiada, quem falou:

— Deixa Ambrósio, o Doutor Barreto diz que a menina está morta, mas este senhor...

Não terminou a frase. O estranho, gestos calmos, se aproximou da cama. Ninguém barrou seus passos.

— Torno a repetir — disse — é preciso salvar esta criança. Já não tenho muito tempo.

Estas palavras, ditas com calma e segurança, convenceram afinal o Doutor Ambrósio.

— Senhor, faça o que for preciso.

— Mas isto é um absurdo — protestou em altos brados o médico. — Nego-me a deixar um homem, que veio não se sabe de onde, intervir em um meu paciente.

O clima era tenso, mas o prefeito já havia tomado sua decisão. Uma decisão desesperada. Uma decisão daquelas que vendo tudo perdido se agarrava em qualquer tábua de salvação.

— Senhor, entrego minha mulher e filha em suas mãos.

— É sua inteira responsabilidade, Ambrósio — disse o médico, retirando-se em passos pesados, que ressoaram alto de encontro às tábuas corridas do quarto.

O homem estranho sorriu e disse entre dentes, não parecendo se importar em ser ouvido:

— Ele desconhece que minha medicina é melhor que a dele; — e virando-se para todos, disse em voz de comando:

— Saiam todos, já! Meu tempo se esgota!

Houve outro momento de indecisão, mas prevaleceram a calma e a determinação do estranho, junto com a esperança do Doutor Ambrósio.

Não demorou muito tempo, apenas alguns minutos, e logo ouviram, os agoniados pai, cunhada e amigos, no quarto de Dona Beatriz o choro de um recém-nascido. Precipitaram-se para dentro do quarto o Doutor Ambrósio, seguido de perto por Dona Idalina, o Doutor Teixeira, o presidente da Câmara de Vereadores e por fim o médico, ainda agastado com aquilo que denominava de absurda e inconseqüente intromissão profissional. Encontraram o estranho de pé, junto ao leito de Dona Beatriz sorridente, tendo ao colo uma linda menina.

Depois que tudo voltou à calma na mansão do prefeito, este dirigiu-se ao estranho, que se achava calmamente sentado no sofá da sala de visitas.

— Como posso pagar o que o senhor fez por nós esta noite? — perguntou o Doutor Ambrósio, visivelmente emocionado.

— O senhor não me deve nada, Doutor Ambrósio.

— Devo sim, eu e minha família vamos ter, enquanto vivermos, a maior dívida de gratidão do mundo. Sem querer de modo algum ofendê-lo, senhor, peça o que quiser.

— Eu não preciso de nada — foi a resposta do estranho.

— Mas foi um verdadeiro milagre. O senhor deve ser um grande médico.

— Nunca estudei medicina.

— Mas... mas como?

O Doutor Ambrósio era a imagem do estupor.

— Nada disso tem a menor importância. O principal é que sua esposa passa bem e sua filha está viva — disse o estranho modestamente.

— É verdade — disse o prefeito. — Mas, senhor, como posso agradecer? Sou tão feliz e tão grato!

— Doutor Ambrósio, já disse e vou repetir, o senhor nada me deve e eu já fui amplamente recompensado por haver salvo duas vidas.

— Uma pergunta, se me permite. De onde nos conhecemos?

— O senhor é uma figura conhecida aqui no município.

— O senhor mora por aqui?

— Num sítio a poucos quilômetros, perto da cidade de Cordeiro.

— Desculpe a curiosidade, senhor. Como soube que eu, ou melhor, que minha mulher e filha estavam precisando dos seus maravilhosos préstimos?

O estranho não respondeu; limitou-se a sacudir a cabeça e sorrir. O prefeito continuou perguntando.

— Convenhamos, senhor, sem querer ser indelicado, tudo isso... tudo isso... me parece meio misterioso e milagroso. Como pôde o senhor chegar na hora certa?

O estranho tornou a sorrir, manteve-se calado, olhando fixamente o prefeito.

— Segundo o Dr. Barreto, a criança estava morta. Como pôde o senhor ressuscitá-la?

— Talvez... Talvez não estivesse morta — disse o estranho de forma titubeante.

O médico, que permanecera todo o tempo calado, amuado em um canto da sala, entrou de forma brusca no diálogo.

— Senhor, exerço a medicina há mais de quarenta anos e sei perfeitamente quando um feto está morto — terminou de modo desafiador.

O estranho não se abalou, limitou-se a dar seus enigmáticos sorrisos, parecendo ignorar o médico e suas palavras intempestivas. O Doutor Ambrósio, querendo atenuar o clima tenso que as palavras irritadas do médico provocaram, dirigiu-se amável ao seu salvador:

— Não existe nada que eu possa fazer pelo senhor?

— Nada — disse o estranho — ou melhor, queria fazer um pedido.

— Pois faça! Tudo o que o senhor quiser!

— Gostaria que a menina se chamasse Selene.

— Selene! Pois seja! É o mínimo que posso fazer a quem me deu tanta alegria.

— O senhor daria este nome à menina?

— Mas claro! Estou certo de que minha mulher também irá aprovar este nome.

— Então, para que o senhor fique mais à vontade, certo de que não me deve absolutamente nada, é a única coisa que desejo.

— Bem pouca coisa — disse o prefeito. — Está mesmo certo de que não deseja mais nada?

— Estou.

— Outra coisa, acho que a mais importante, o senhor ainda não me disse o seu nome.

— Rudgero — respondeu o outro, levantando-se.

PARTE II
Vinte anos depois

Capítulo 1

— Estou bastante preocupada com esse menino — disse Madalena, tirando os olhos do tricô e encarando Ricardo Bonina, sentado à sua frente.

— Não há motivos para preocupações e Carlos Augusto não é mais um menino. Agora é um juiz conceituado em nosso município — respondeu o outro com um sorriso.

— Para mim sempre será um menino e... — fez uma pausa — não sei não! Essa menina, essa namoradinha de Carlos Augusto, continua sendo, na minha opinião...

— O que, Madalena? — interrompeu o outro.

— Não é boa coisa — finalizou e resmungou algumas frases incompreensíveis para Ricardo, que não tomando conhecimento das rabugices da velha Madalena continuou a leitura do seu jornal.

Já por dois anos bem contados, para grande satisfação de Ricardo, ele, aposentado, se retirara da vida pública e se encerrara voluntariamente no sítio Primavera, levando seus livros, seus discos clássicos preferidos, passando a gozar do clima ameno e sossegado da região.

Seu afilhado Carlos Augusto, sobrinho do seu inesquecível amigo Theodoro, havia se formado em Direito e, depois de vários concursos públicos, como era um jovem brilhante, aos trinta anos de idade havia sido nomeado juiz no Município de

Cantagalo. Juntando o útil ao agradável, Ricardo, depois de se aposentar no Ministério da Indústria e Comércio, no qual exercia as funções de Procurador, havia se mudado para o sítio, muito perto da cidade e que agora pertencia a Carlos Augusto, levando consigo a governanta Madalena, por tempo e merecimento parte da família.

Ricardo Bonina, homem sério e probo, quando seu afilhado atingiu a maioridade passou para Carlos Augusto todos os bens que havia herdado, através do testamento de seu amigo Theodoro, inclusive o sítio Primavera.

Nesses longos vinte anos, depois da morte da única irmã do professor, mãe de seu afilhado, os três haviam vivido juntos, compartilhando da mesma casa no Rio de Janeiro, onde Carlos Augusto completou seus estudos. Madalena foi a mãe que seu afilhado teve, quando aos onze anos de idade ficou órfão e Ricardo, o pai que o instruiu, guiou e orientou, conforme desejos expressos no testamento de Theodoro, que Ricardo cumpriu à risca. Agora, Carlos Augusto colhia os louros de uma educação e instrução bem planejada pelo padrinho.

Todas estas lembranças passaram num ápice pela memória de Ricardo, que olhava o jornal diante de seus olhos, sem ler sequer uma linha. A cadeia de seus pensamentos foi interrompida pela voz de Madalena, que após longos anos de convivência sentia-se à vontade para interferir e opinar nos negócios da família.

— Doutor Ricardo, ouça o que eu digo. Essa moça não serve para Carlos Augusto.

Paciente, o outro afastou o jornal, colocando-o no colo.

— Por que você diz uma coisa dessas?

— Instinto.

— Instinto maternal? Ou melhor, não seria pelo fato de ter criado esse menino, que você adotou todo o instinto materno que existe? Será que estou errado, Madalena? — perguntou em tom de brincadeira, começando a rir.

— Não brinque com coisas sérias, Doutor. Estou muito preocupada.

— Ora, Madalena! Um namoro sem maiores conseqüências!

— Não sei não!

— Carlos Augusto tem os pés na terra, sempre foi muito equilibrado.

— Sei, Doutor Ricardo, sei muito bem que o menino é equilibrado e sério, mas não está livre das tentações.

— Você fala, Madalena, igualzinho a um pastor pregando que existe o inferno a cada momento da vida.

— Olha, Doutor! A intuição feminina nunca falha!

— Mas, Madalena, o que você tem realmente contra essa moça?

— Não sei dizer, quando olho para ela, nas poucas vezes que a vi, tenho uma impressão ruim. Não sei o que é. Qualquer coisa aqui dentro de mim que diz que há algo errado com ela.

— O que pode haver de errado?

— Aí é que está! Não sei!

— Selene é de muito boa família. O Doutor Ambrósio Albuquerque é uma excelente pessoa, bem como Dona Beatriz, sua mulher.

— Não se trata de boa família, disso não tenho a menor dúvida. Sei que a moça deve ter tido a melhor educação que existe, porém ninguém me tira da cabeça que ela não serve para o meu menino.

— Ciúmes, Madalena? — brincou Ricardo.

— Não, não é ciúmes! — respondeu com veemência — é preocupação mesmo!

Ruth, a empregada, que fazia as vezes de copeira e arrumadeira, entrou na varanda anunciando que o almoço já estava na mesa.

— E esse menino que não chega — resmungou Madalena, levantando-se.

Ricardo a acompanhou e não deixou escapar a oportunidade de dizer em tom de brincadeira:

— Menino! Um homem feito, Madalena, um juiz de todo respeito. Você ainda vai conseguir estragá-lo com tantos mimos.

— Me deixa, doutor, me deixa! — e foi andando e resmungando na frente, seguida de perto por Ricardo, que continuava rindo.

Carlos Augusto apareceu na sala, entrando pela porta dos fundos.

— Está atrasado, filhinho, assim a comida esfria e você não come direito.

O rapaz, acostumado com estes cuidados, não se alterou e cumprimentou os dois:

— Bom dia, Madalena; bom dia, padrinho — disse sorridente, tomando lugar à mesa.

— Como foi a manhã? — perguntou Ricardo, dobrando o guardanapo e colocando em cima de uma das pernas.

— Igual a todas as manhãs — respondeu Carlos Augusto servindo-se, no que foi prontamente ajudado por Madalena.

— Filhinho, deixa eu fazer seu prato, você precisa, trabalhando tanto, se alimentar bem.

O rapaz deixou que a outra fizesse seu prato. Ricardo, sentado à sua frente, balançou a cabeça e não pôde deixar de fazer uma observação jocosa:

— O Meritíssimo juiz e sua babá!

— Me deixa, doutor Ricardo, me deixa! O senhor depois de velho deu para ser implicante.

Carlos Augusto soltou uma sonora gargalhada.

— Eu gosto desses carinhos — e, soerguendo-se na mesa, beijou a testa de Madalena, que se desfez em sorrisos de felicidade.

Ricardo interiormente aprovou o gesto do afilhado e a grande bondade e dedicação de Madalena, porém não deu o braço a torcer, demostrando desinteresse pela cena.

— Algum novo caso importante, meu filho? — perguntou Ricardo, depois de alguns instantes de silêncio.

— Somente a mesma história de invasão de terras, incidente que pode estourar a qualquer momento, com resultados imprevisíveis — respondeu Carlos Augusto, entre uma garfada e outra.

— E o delegado Falcão?

— Esse não quer se envolver muito tomando partido.

— Mas não está certo, o doutor Falcão devia fazer alguma coisa. Sei lá, talvez intervir logo.

— Há muita gente importante envolvida no caso, muito fazendeiro rico e como o padrinho sabe, muitas implicações políticas.

— A eterna politicagem do interior! — exclamou Ricardo com alguma indignação.

— Por falar em política, estive hoje com o Doutor Ambrósio, que por sinal vai se candidatar novamente a prefeito, discutindo essa grave ocorrência.

— Na casa dele? — perguntou Ricardo, cruzando os talheres no prato.

— Sim, em sua residência.

— Só esteve com ele ou mais alguém? — e Ricardo piscou um olho para Madalena, provocativo e ao mesmo tempo divertido.

Carlos Augusto parou de comer por um instante, corou levemente e, não encarando Ricardo, respondeu:

— Estive com Selene.

Madalena fez menção de dizer alguma coisa, mas Ricardo

quebrou seu intento com outra pergunta.

— E como vai a moça?

— Muito... muito bem.

— Bem até demais — resmungou Madalena, aflita para entrar no diálogo.

— Não sei por que essa implicância com Selene, mãezinha.

Quando Carlos Augusto chamava Madalena por este nome carinhoso, invariavelmente a antiga governanta amolecia e se desmanchava em ternura e amor pelo filho postiço.

— Não tenho implicância com Selene, filhinho.

— Tem só ciúmes — disse Ricardo começando a rir.

Madalena, fingindo-se amuada, ficou calada.

— Gosto muito de Selene, padrinho, e parece que o Doutor Ambrósio e Dona Beatriz fazem gosto em nosso namoro.

Madalena não se conteve mais e rápida entrou no meio do assunto.

— Têm que fazer gosto! Um rapaz bonito, rico e ainda por cima juiz celebrado! — disse com orgulho.

— E realmente uma família de grande respeito em nossa comunidade — falou Ricardo, ignorando a intromissão de Madalena.

— O senhor gosta deles? — perguntou Carlos Augusto.

— Sim, meu rapaz, são excelentes pessoas e Selene uma moça educada e muito simpática.

— Mas que... — começou Madalena, no que foi interrompida por Ricardo.

— Madalena!

Esta abaixou a cabeça ante a admoestação, embora branda, de Ricardo e não disse mais nada.

— Eu gostaria de pedir uma coisa ao senhor.

— Peça, meu filho.

— Semana que vem, sábado ou domingo, o que for melhor

para o senhor, queria que fosse comigo e Madalena à casa do Doutor Ambrósio.

— Para que, meu filho, posso saber?

— Mas claro, padrinho! Queria que o senhor, junto com Madalena, fizessem o pedido formal de meu noivado com Selene.

— Meu Deus do céu! — exclamou Madalena.

— Nós iremos — disse Ricardo, sem qualquer comentário.

Capítulo 2

Era sábado, dia do pedido de noivado de Selene. Ambrósio, sentado numa espreguiçadeira, observava o movimento incessante dos inúmeros empregados que cuidavam dos preparativos da festa, que iria se verificar no final da tarde.

Selene entrou correndo, como era de seu hábito, pela casa adentro, sem tempo para ao menos parar e beijar o pai, que apenas ouviu um simples oi, enquanto ela, estabanada, aos gritos chamava pela mãe, sumindo no interior da mansão.

Ambrósio deu um leve sorriso e uma ruga de preocupação logo sulcou sua testa. Desde que nascera, em circunstâncias anormais, Selene, em sua meninice e adolescência, apresentou comportamento estranho, irregular, com altos e baixos no humor e maneira de se portar.

Seu nascimento fora cercado de lances incríveis e misteriosos, tudo isto recordava Ambrósio, depois, durante seu batismo, mal o padre colocara o sal em sua boca, sua batina pegara fogo, quase matando o sacerdote, já bastante entrado em anos. Durante sua meninice, coisas inexplicáveis aconteciam. Ambrósio ainda se lembrava bem da cena inusitada na cozinha da mansão, onde Bá, a velha cozinheira da família, caiu de cama por quase uma semana. De uma discussão tola, onde Bá, alicerçada em sua autoridade de já servir na casa por mais de vinte anos e por ter visto a menina nascer, ralhou com a pequena Selene, por ela estar mexendo onde não devia. Foi o bastante. A menina se zangou, uma daquelas cóleras súbitas, bateu o pezinho no chão e com um simples gesto de mão, fixando uma prateleira, fez cair tudo que estava em cima. Cada vez que a pequena Selene levantava o braço, mais objetos eram derrubados. Os pratos, colheres, garfos, panelas e caldeirões pareciam estar dotados de movimentos próprios, voavam em todas as direções, se espatifando no chão em grande estardalhaço. Foi uma loucura e no meio daquilo tudo, Selene comandava o espetáculo, Bá rezando e fazendo o sinal da cruz, enquanto corriam para a cozinha Ambrósio e sua mulher, espantados e temerosos ante acontecimento tão estranho.

Ambrósio lembrava muito bem dessa cena distante no tempo e logo em seguida vieram à sua memória outros acontecimentos inexplicáveis. As premonições de Selene, que eram sempre muito corretas. Certa ocasião, quando Selene completou sete anos de idade, embora não conhecesse nada sobre seu nascimento e muito menos o nome Rudgero, nome e fatos que jamais foram comentados em sua presença, Selene pouco antes da festa que seria efetuada em homenagem a seu natalício ficou alguns momentos parada, ausente, coisa que fazia habitualmente. Depois, com voz áspera, autoritária, disse para seu pai que viria para a festa de aniversário o senhor Rudgero. O comparecimento aconteceu como havia sido predito, para espanto de Beatriz e Ambrósio. Era também comum, nesses momentos de ausência, em que a pequena Selene ficava em completa abstração, parecendo viver em um mundo diferente, falar de coisas que aconteciam em outros lugares, às vezes bastante distantes, vaticínios absolutamente corretos.

A instabilidade de gênio de Selene era outra coisa que preocupava muito Ambrósio e Beatriz, pois eram intercalados momentos de grande euforia com outros, sem aparente transição, de profunda depressão. Selene, embora fosse comumente meiga e dócil, tinha momentos de cólera súbita, chegando às últimas conseqüências. Nessas horas parecia possuída por algum ente diabólico, tal a fúria e maldade extremas. Quando voltava ao seu estado normal, arrependida, chorava muito e entrava num período de grande depressão. Ambrósio perdera a conta de quantos colégios a filha havia sido expulsa, muito embora todos os diretores e seus professores dissessem que Selene era uma menina quieta, educada, mas que em alguns momentos era imprevisível, difícil de compreender, pois passava da calma à violência, fazendo coisas incompatíveis com sua educação e maneira habitual de ser.

Quando Selene completou quinze anos, disse ao pai que queria uma festa muito grande. Até aí nada de mais. Ambrósio era rico e podia perfeitamente satisfazer os caprichos da filha única; porém, o que causou certa estranheza, foi que insistiu que todas as crianças viessem fantasiadas, as meninas de fadas e os meninos de duendes. O mais estranho de tudo foi ela pedir que queria se fantasiar de sílfide, muito embora Ambrósio tivesse certeza que jamais Selene ouvira estes nomes. Na ocasião, Ambrósio teve que pesquisar alguns livros e consultar vários amigos para ver como eram essas fantasias, pois ignorava completamente o que era e como se trajava uma sílfide. No dia da festa, quando todos os convidados se encontravam na mesa, esperando para acender as quinze velinhas, Selene fez uma entrada triunfal na sala, exclamando que chegara a Sílfide do éter.

Não pararam por aí as recordações de Ambrósio, nesse dia, festa de noivado de sua filha. Lembrava com grande precisão dos acontecimentos que pasmaram todos os parentes e amigos do casal, quando no aniversário de casamento, sem mais aquela, quando todos estavam reunidos, Selene teve uma crise de choro inexplicável, que durou por mais de uma hora. Ao final, quando todos ali reunidos eram de opinião que se devia chamar um médico, Selene passou da crise de choro à hilaridade. Rindo muito por algum espaço de tempo, vaticinou com precisão que naquele instante morria o doutor Luiz Barreto, velho médico, amigo da família. Poucos minutos depois, todos recebiam consternados e admirados a notícia do seu falecimento na hora exata prevista por Selene. O que causou ainda maior surpresa e estupefação, além do vaticínio, foi o fato do doutor Barreto, embora entrado em anos, não estar doente, nem sofrendo de mal algum.

Ambrósio procurou tirar da cabeça estas lembranças sobre as esquisitices da filha. Coincidências, pensou, não querendo aceitar ou avaliar onde podiam levar os procedimentos estranhos de Selene, nem as conseqüências de tais atos. Com a idade isto tudo desaparece, foi o pensamento que lhe veio no momento, muito embora estivesse bastante preocupado com o futuro da filha.

Ambrósio ainda lutava consigo mesmo, envolvido por recordações e providências que devia tomar, sem saber ao certo que caminho adotar, indeciso quanto à melhor maneira de educar e coibir, ou ainda, se devia consultar um psiquiatra ou deixar que o tempo consertasse tudo, quando foi tirado de dentro de seus próprios pensamentos desencontrados.

— Doutor Ambrósio — disse a criada — um senhor o espera no seu escritório.

— Quem é?

— Não disse seu nome, afirmou que é seu amigo, então pedi que entrasse.

Este procedimento era comum. Ambrósio, agora em campanha eleitoral, recebia diversas pessoas em sua casa; por esse motivo achou muito natural que um amigo se encontrasse dentro de seu escritório. Imediatamente dirigiu-se para lá.

— Mas que prazer — disse dirigindo-se ao visitante que se levantou para recebê-lo. — Mas sente-se, senhor Rudgero, esteja à vontade. Afinal, como já disse várias vezes, esta casa lhe pertence.

— Obrigado — disse Rudgero, sentando-se.

Só então Ambrósio reparou que Rudgero, nesses vinte anos de conhecimento, estava a mesma coisa. Não aparentava nenhum sinal da passagem do tempo, a mesma fisionomia, nem um fio de cabelo branco, nenhuma ruga. Nada. Sua aparência era a mesma que tinha quando apareceu misteriosamente em sua casa.

— Que bom que o senhor afinal apareceu depois de quase treze anos de ausência, sem dar sequer uma notícia!

— É que tenho sempre muito pouco tempo para mim.

— Mas sempre achou algum tempo e veio, o que para nós é muito gratificante. Não esqueço jamais o quanto eu e minha mulher devemos ao senhor.

— Nada, nada — disse Rudgero, balançando a cabeça — vim porque hoje, é uma data muito importante. O noivado de sua filha.

Aquilo foi dito com a maior naturalidade, parecia até que ele havia recebido um convite para a festa de noivado.

Era bastante estranho aquele homem, pensou Ambrósio; não sabia nada a seu respeito, onde trabalhava, do que vivia e muito menos onde morava, pois jamais conheceu sua residência ou foi convidado para conhecê-la.

— Como soube do noivado? — perguntou Ambrósio, libertando-se da cadeia de seus pensamentos. — Não enviei convite para o senhor, pessoa mais do que grata, pois desconheço seu endereço.

— Como eu tomei conhecimento dessa importante data não tem a menor relevância. O que importa é que estou aqui e trouxe uma pequena lembrança para Selene — respondeu Rudgero, não fazendo a menor referência ao seu endereço.

— Não devia se preocupar com lembranças.

— É com muito gosto — e fez de imediato nova pergunta, encarando Ambrósio nos olhos. — Como vai passando Selene?

O outro custou um pouco na resposta e quando o fez, foi com um tom de voz preocupado.

— Ela... ela tem tido umas coisas um tanto estranhas...

— Estranhas?

— Talvez preocupações de um pai com uma moça prestes a casar — disse Ambrósio, não querendo abordar o assunto e procurando aparentar um ar de despreocupação.

— Ah! — fez o outro e deu um sorriso, o que naquele momento pareceu a Ambrósio fora de propósito.

— Então, fica para o jantar que vamos oferecer para a família do noivo? — e Ambrósio mudou inteiramente de assunto fazendo esta pergunta.

— Impossível, doutor Ambrósio, como já disse, meus afazeres não me permitem.

— Algumas horas apenas — insistiu Ambrósio. — Seria um grande prazer e felicidade para mim, Beatriz e Selene.

— Lamento muito não poder ficar. Peço que me desculpe com dona Beatriz e apresente minhas felicitações à sua filha.

— Neste caso, como é de todo impossível termos sua presença hoje à noite, vou chamar Selene e Beatriz para cumprimentá-lo. Assim, o senhor mesmo fará a entrega da lembrança que, insisto, não precisava, para Selene.

O outro concordou com um aceno de cabeça. Rudgero era avaro em palavras. Pouco depois, entrava no escritório Selene seguida de sua mãe.

Selene era alta, quase da altura do pai, que devia medir mais ou menos um metro e setenta e cinco centímetros. Esguia de corpo, rosto oval perfeito, olhos azuis profundos e sonhadores, cabelos louros que desciam um pouco desarrumados pelos ombros, boca pequena de lábios carnudos, sensuais e dentes muito brancos, simétricos, que expressavam quando sorria um ar encantador, auxiliado por duas covinhas e a pequena fenda no queixo.

— Como vai a senhora, dona Beatriz? — e dirigindo-se a Selene: — Você não lembra mais de mim, não é, minha filha?

— Lembro sim, o senhor Rudgero, amigo de papai. Como vai o senhor? — disse, um pouco tímida, estendendo a mão, que o outro tomou entre as suas.

— Hoje ela está muito feliz, senhor Rudgero, pois será noiva logo mais — e Beatriz desmanchou-se num sorriso.

— Eu sei, senhora, por esse motivo vim logo que pude, para lhe dar meu abraço e felicitações pela data. Aproveitando a ocasião, trouxe esta pequena lembrança, esperando que goste — e Rudgero tirou do bolso uma pequena caixa, entregando à moça.

— Um presente! — exclamou Selene curiosa.

— Uma modesta lembrança. Espero que sirva.

Selene rápida abriu a caixinha e deixou escapar um gritinho de satisfação. Um anel de ouro, tipo aliança, cravejado de brilhantes perfeitos que faiscaram contra a luz.

— Que lindo! olha pai, olha mãe! — e Selene sem mais delongas enfiou o anel no dedo da mão direita.

— Gostou? — perguntou Rudgero sorridente.

— Muito, muito! Que bondade a do senhor!

— Não foi nada, Selene, queria apenas que você gostasse. Como gostou, é o suficiente para mim e nada de agradecimentos.

— O senhor não devia, não era preciso — disse Ambrósio emocionado com o gesto de Rudgero. — Sua presença é o melhor presente para nós todos. Não é, Beatriz? Não é, minha filha?

— Mas é claro — disseram mãe e filha.

— Fiz com enorme prazer.

— Nós mais uma vez agradecemos pela sua imensa bondade — disse Ambrósio, ainda com os olhos úmidos.

— Acho que a vida toda estaremos sempre em dívida com o senhor — e Beatriz olhou com amizade para Rudgero.

— Nem pense nisto, madame, afinal não é tanta coisa assim um simples anel de ouro.

— É muita coisa, senhor, além do valor material ainda tem o valor estimativo vindo de tão querido amigo — apressou-se em dizer Ambrósio, abraçando o outro.

Selene, calada, virava a mão em várias posições para ver o efeito que produzia o anel em seu dedo. Rudgero, divertido, observava atentamente a moça, enquanto Ambrósio e Beatriz olhavam enternecidos para a filha.

— Bem, cumpri meu dever para com a solenidade do dia e me sinto muito feliz. Agora, realmente, preciso ir.

— Mas já tão cedo, não fica ao menos para o pedido? — perguntou Beatriz.

— Infelizmente ele não pode ficar — respondeu Ambrósio, com sincera tristeza na voz.

— O senhor é muito gentil — disse Selene sem tirar os olhos do anel.

— E você é muito bonita — retrucou Rudgero, galanteador.

— Quando teremos a felicidade de vê-lo novamente? — perguntou Ambrósio.

— Quem sabe? Qualquer dia desses.

— Venha sempre — convidou Beatriz.

Rudgero levantou-se, parecia estar realmente com muita pressa. Então aconteceu. Selene, colocando a mão esquerda sobre o anel, parou de repente, estática. Seus lábios se repuxaram num meio sorriso, seus olhos ficaram vidrados, sem expressão, e levantando o braço direito, dedo em riste, ante o espanto de Ambrósio e Beatriz, disse numa voz rouquenha, uma voz muito diferente da sua:

— Meu nome não é Selene. Não é Selene. Tenho outro nome, tenho outro nome — repetiu — meu nome é... Cyr... Cyr... é Cyrne — disse finalmente.

Aqueles breves momentos em que Selene ficou fora de si passaram, para alívio de seus pais, rapidamente. Ambrósio e Beatriz correram em direção da filha, preocupados, e a abraçaram, como se quisessem libertá-la de um sonho mau. Selene voltou ao estado normal e sorriu, para alívio de seus pais.

— Que foi, pai? Mãe, o que houve?

Ninguém respondeu e Rudgero, indiferente à rápida cena, devolveu com um sorriso enigmático o sorriso agora aberto da moça Selene.

Capítulo 3

Ângelo Lacerda acordara nesse dia nostálgico. Sentado na poltrona de seu consultório médico, folheava um álbum de retratos de formatura do ginásio. O cliente das três horas havia desmarcado com sua secretária a consulta e repleto de lembranças desde que despertara, folheava o velho álbum, detendo-se em cada rosto que o tempo não conseguiria apagar de sua memória. Quando deparou com o retrato de Carlos Augusto Buckman Paiva, deteve-se mais tempo em sua contemplação. Seu querido amigo Carlinhos. Por diferenças de profissão, a vida os separara. Uma aparente separação, pois sempre se correspondiam e toda vez que Ângelo tinha algum tempo para dedicar a ele mesmo, ou no caso inverso Carlos Augusto, se encontravam para matar as saudades e trocar confidências. Depois que Carlos Augusto se mudou para Cantagalo, esses encontros tornaram-se menos freqüentes, mas Ângelo já por duas ou três vezes, aproveitando momentos de folga, havia ido para aquela cidade passar alguns dias com o amigo.

Desde muito cedo Ângelo desejara ser médico. Suas brincadeiras infantis sempre terminavam examinando um hipotético doente, dando injeções ou consultando e receitando para um imaginário paciente. Foi ainda no curso primário que conheceu Carlos Augusto, ficando os dois logo amigos. No ginasial já eram inseparáveis e quando cada um tomou seu curso, Ângelo para a Faculdade de Medicina e Carlos Augusto para a de Direito, embora em faculdades diferentes era raro o dia em que não se encontravam e os segredos da juventude eram partilhados. Carlos Augusto de formação positivista, Ângelo espiritualista, porém estas formações antagônicas não separaram os dois amigos. Um e outro ouviam as teorias em que ambos acreditavam e Carlos Augusto cedo aprendeu com Ângelo o que ele futuramente pôs em prática, que o mais importante na jornada pela vida é servir o semelhante.

Ainda bastante moço, Ângelo começou a apresentar fenômenos mediúnicos. Ouvia vozes que lhe falavam constantemente e era comum, durante a noite, ter uma visão onde aparecia com clareza um homem bem jovem, vestido todo de branco, sorriso bondoso e olhos muito claros banhados de luz. A princípio, Ângelo sentia muito medo, depois acostumou-se com a presença do homem de branco, como o denominava, que então passou a lhe transmitir mensagens falando de paz e harmonia. Seus pais, espiritualistas e fundadores do Centro Espírita Doutor Bezerra de Menezes, tomando conhecimento dos fenômenos, cedo o encaminharam na senda espiritual e logo que Ângelo teve mais idade, para o Centro que presidiam. Logo Ângelo desenvolveu sua mediunidade e em pouco tempo já incorporava seu protetor, utilizava com facilidade a escrita mediúnica, psicografia, e a vidência astral se juntou aos seus predicados, passando a não ter mais segredos para o jovem médium.

Seu querido amigo, Carlos Augusto, várias vezes foi ao Centro com Ângelo e depois, os dois discutiam os acontecimentos e trocavam as mais variadas teorias especulativas, próprias da idade, a respeito do que tinham aprendido e observado na sessão mediúnica. Carlos Augusto não era descrente, aceitava de alguma forma as explicações de Ângelo, porém não tinha qualquer mediunidade, nem tendência para ser um freqüentador assíduo. Gostava de tomar de quando em vez uns passes magnéticos e talvez gostasse mais ainda, esta é a verdade, de poder estar junto mais algumas horas com seu amigo inseparável.

Nesse dia de recordações nostálgicas, o doutor Ângelo Lacerda fechou o consultório ao final da tarde e foi com seus pais, depois de jantar, como de hábito, para o Centro Espírita.

Era dia de consultas, passes magnéticos e desobsessão. Dona Carmem, mãe de Ângelo, dirigente da mesa, deu início aos trabalhos. Depois de rezada a prece de Cáritas de São Francisco de Assis, os doze médiuns sentados na mesa fizeram uma concentração. Dona Carmem recebeu seu guia espiritual, Doutor Bezerra de Menezes, que fez uma palestra sobre o serviço e a caridade. Depois da palavra do guia chefe da casa, Dona Carmem leu um trecho do Evangelho de São Lucas e seu tema foi debatido com todos os seus médiuns presentes. Após o comentário de todos, começou o trabalho de psicografia.

O Centro de Dona Carmem era muito organizado. Quatro membros do grupo ficavam em pé, dois de cada lado da mesa, auxiliando o trabalho. Se houvesse necessidade, era chamado o membro da assistência para o qual a mensagem escrita era endereçada, e, quando preciso, o passe magnético. Ao final das mensagens psicografadas, lidas por cada um dos médiuns responsáveis pela comunicação, começou o trabalho de desobsessão e doutrinação de espíritos sofredores.

Ângelo, concentrado, viu aproximando-se da mesa um espírito desencarnado que se esforçava para manifestar-se em um médium à sua frente. Seu aspecto era macilento, envolto numa nuvem espessa acinzentada, rosto contraído, dando a impressão de grande aflição e sofrimento. Por um lapso de segundos veio à mente de Ângelo uma impressão, que logo se transformou em intuição e imediatamente teve a certeza de que essa entidade já por algum tempo tentava se aproximar de seu campo mediúnico. Ângelo podia ouvir, através da clariaudiência, os gemidos de desespero em que se debatia o desencarnado. O médium à sua frente estremecia de forma violenta, sem conseguir uma incorporação. Ângelo elevou suas vibrações e endereçou ao sofredor toda a sua energia de amor. O efeito foi quase fulminante, num ápice a entidade encaminhou-se, mais aflita ainda, na direção de Ângelo, que dando passividade recebeu no seu corpo etérico o impacto daquelas vibrações desarmônicas. Debateu-se um pouco, o pobre sofredor não conseguia estabelecer um laço fluídico perfeito com o aparelho. Levou alguns minutos essa luta sofrida entre Ângelo e aquele que procurava, desesperado, se comunicar com o plano físico. O guia espiritual de Ângelo se aproximou e endereçando fluidos amorosos em direção da entidade desencarnada conseguiu a muito custo estabelecer uma harmonia vibratória entre essas vibrações desarmônicas. Com grande dificuldade o desencarnado conseguiu articular alguns sons, ajudado pela doutrinação de Dona Carmem.

— Venha em paz, meu irmão — disse Dona Carmem, voz serena. — Você tem consciência de que não pertence mais ao mundo dos vivos?

— Sim — respondeu o espírito com voz sumida, muito baixa, fazendo um grande esforço para falar.

— Repare, meu irmão — continuou Dona Carmem — que tem um guia de luz ao seu lado, que irá ajudá-lo e vai encaminhá-lo para os planos superiores.

— Eu vejo — tornou a falar o desencarnado, dessa vez com um pouco mais de facilidade.

— Meu irmão necessita de preces?

Não houve resposta, o sofredor manteve-se calado, sacudindo em negativa a cabeça de Ângelo.

— O que o meu irmão necessita do mundo dos vivos?

— Preci... preciso... fa... fa... falar — disse afinal.

— Pois fale, meu irmão.

— Não... não... con... consigo — saiu num esforço e desespero enormes.

Outra vez o guia espiritual de Ângelo aproximou-se, derramando sobre o médium e o desencarnado jatos de luz.

— Seu nome, meu irmão, para que todos nós possamos orar para que encontre paz e progresso na sua evolução espiritual.

— Mas... Masteros.

— Não fique aflito, esteja em paz, nós todos aqui queremos ajudá-lo.

— Um... um... grande... grande... peri... perigo — conseguiu articular.

— Paz em seu coração, meu irmão! Que perigo perturba o descanso de sua alma? — perguntou Dona Carmem.

— Theodoro... Theodoro Buckman... seu sobrinho, seu sobrinho... Carlos... Carlos Augusto — conseguiu finalmente dizer.

Dona Carmem conhecia muito bem o professor Theodoro e Carlos Augusto, amigo de seu filho. O nome Masteros, para ela desconhecido, e a última frase do desencarnado lhe causaram uma breve perturbação, que logo passou, e novamente calma e equilibrada continuou perguntando, agora com redobrado interesse.

— Que perigo ameaça Carlos Augusto, meu irmão?

— Não... não... — a frase ficou incompleta, o desencarnado desequilibrou suas vibrações e o guia de Ângelo então o envolveu em luz, retirando-o do corpo periespiritual do médium. Ângelo despertou do transe mediúnico e pôde ver que seu guia espiritual, junto com os auxiliares invisíveis, levava o desencarnado, agora todo envolto numa luz branca e brilhante. Masteros já não apresentava aquele estado de desespero, sua fisionomia estava mais serena e as sombras acinzentadas haviam se diluído completamente. Masteros, conseguindo se comunicar com o mundo dos vivos, havia tirado o peso de enorme aflição que o perseguia, pois Ângelo, ainda um pouco tonto, viu com os olhos do espírito que o desencarnado lhe endereçava uma vibração de imensa gratidão.

No dia seguinte, Ângelo arrumou algumas roupas numa valise e rumou para Cantagalo.

Capítulo 4

Não aconteceu de repente. Foi um processo lento, demorado, paulatino, o despertar em plena consciência no terceiro subplano astral. A princípio, depois de desencarnar, Masteros entrou numa espécie de sono sem sonhos, intermitente, pois havia momentos de consciência desperta e outros da mais completa inconsciência. Masteros passou assim, dormindo e acordando, alguns meses na medida do tempo terrestre. Quando esse estado de obnubilação terminou, Masteros, embora consciente de sua condição de desencarnado, pois em vida estudara as questões esotéricas e estava portanto a par do que ocorre quando se rompe o fio pratcado que liga os veículos superiores ao corpo físico denso, mesmo assim ainda levou algum tempo para se adaptar à nova condição.

Não era nenhum ignorante no assunto, por esse motivo logo estava plenamente consciente do terceiro subplano astral, onde acordou. Esse lento despertar, feito de etapas, tinha estrita relação, apesar de seus conhecimentos, com as causas que ele mesmo provocara durante sua passagem terrena.

A princípio pôde observar que seus movimentos estavam livres, podia se deslocar à vontade de um lado para outro. Não viu ninguém no deserto criado por seu próprio pensamento. Era uma paisagem informe, desértica, onde não via nenhum acidente geográfico. Sua visão, na quarta dimensão, pôde perscrutar todas as direções ao mesmo tempo. Era um ambiente enevoado e vazio, que se perdia ao longe nas fronteiras do nada.

Pouco tempo depois desse contato com o subplano em que recém despertara, tempo que Masteros não soube precisar, viu aparecer nítida à sua frente, surgindo como por encanto, a cena que o atormentara pela vida inteira. A morte de seu cliente, depois de grandes sofrimentos, quando ainda exercia a medicina. O leito do hospital onde se debatia entre gemidos de dor e suores frios o filho do seu ex-amigo Rudgero estava novamente ali e todos os acontecimentos desses dias fatídicos voltaram a se desenrolar diante de seus olhos em seus mínimos detalhes. Viu e ouviu de novo as palavras trocadas, o desespero de Rudgero, seu diagnóstico errado que redundou na morte de seu paciente e todo o procedimento posterior, que teve durante dois dias e noites na cabeceira do enfermo.

Tentou com um gesto brusco afastar dos olhos esta cena, mas não conseguiu. Como um filme projetado numa tela, as cenas se sucediam do princípio ao fim, para depois, quando chegavam ao desfecho, voltarem novamente ao começo e assim ininterruptamente. Esse desespero levou um tempo interminável, com períodos breves de interrupção, para outra vez voltar com mais intensidade.

O tempo que duraram estas cenas horríveis para Masteros, ele mesmo nunca soube precisar. Achava-se num estado de grande aflição e dor, acreditando que jamais se livraria dessas cenas, muito dolorosas para ele.

O escoar do tempo no mundo astral é completamente diferente do que se observa no mundo físico. O tempo, sendo realmente uma ilusão produzida pela sucessão de nossos estados de consciência, no nosso movimento através da Duração Eterna, não existindo, portanto, onde não há consciência que possa produzir esta ilusão, estando imprimida no estado de consciência em que se encontrava Masteros, um subplano do mundo astral, projetava a ilusão da duração de tempo em sucessões de cenas que ele considerava intermináveis. Na realidade, o presente é somente uma linha matemática que separa uma parte da Duração Eterna que chamamos futuro, da outra parte que denominamos passado. Assim, era perfeitamente natural que Masteros visse e sentisse o que projetava na matéria astral.

Uma falange de auxiliares invisíveis aproximou-se de Masteros, sem que ele percebesse a presença desses abnegados seres, que fazem de sua passagem pelo mundo astral permanente ajuda aos desencarnados necessitados.

Um deles, o que brilhava mais intensamente, observou que a matéria astral modelada em formas, ou seja, modelada nas cenas que tanto apavoravam Masteros, além de possuir a energia mental do próprio desencarnado, era reavivada pelos pensamentos-forma de quatro discípulos dos Irmãos da Sombra. Imediatamente, ajudado pelos outros seis auxiliares, começou a enviar vibrações de amor para Masteros e pouco a pouco a massa de matéria astral artificial foi se diluindo, restando apenas as cenas evocadas pelo próprio Masteros.

Os auxiliares invisíveis deram-se por satisfeitos, pois sabiam que por desgaste da matéria astral acumulada em formas o pensamento de Masteros iria gradativamente diminuir, dissolvendo assim as cenas que o perseguiam e ele em pouco tempo se livraria do pesadelo.

Masteros notou que o ambiente em sua volta mudara completamente, não entendendo que quem mudara fora ele próprio. As cenas de morte do filho de Rudgero agora apareciam muito raramente, até que sumiram por completo.

Nesse novo ambiente, que era realmente o mesmo, só tendo de novo, de diferente, o fato de estar mais liberto dos pensamentos que o aprisionavam, Masteros pôde ver outras entidades que transitavam a sua volta e também contemplar a paisagem, agora repleta de acidentes geográficos. Parecia estar em outro lugar, muito diferente daquele cinzento e enevoado local do qual saíra. Eram estas as impressões que Masteros registrava em seu aparente novo mundo.

Na realidade o que ocorreu é facilmente explicável. Os desencarnados não passam de um lugar para outro quando ascendem em subplanos astrais, mudam apenas de estado de consciência, que vai do mais limitado ao mais ilimitado, portanto o desencarnado no mundo astral vê e sente aquilo que ele mesmo criou.

É muito comum o desencarnado, ainda não muito consciente do subplano que ocupa, caminhar com seus próprios passos, até notar, quando ascende em subplanos, que pode prescindir do caminhar e se deslocar no "ar" de um lado para outro, de acordo com sua vontade. É também muito comum o desencarnado abrir uma porta para entrar em determinado ambiente, quando poderia atravessar os obstáculos sólidos com a maior facilidade.

Como já dissemos anteriormente, sendo o mundo astral um estado da natureza e não uma localidade, ele está interpenetrado no físico, existindo na mesma localidade, portanto, no mesmo espaço. Um exemplo, que torna ainda mais claro este conceito, é o de uma esponja encharcada de água. Estes dois elementos coexistem no mesmo espaço.

Gradativamente, Masteros foi tomando consciência de seu novo estado e para grande alegria pôde se locomover para subplanos inferiores e tomar conhecimento de todas as peculiaridades que existem no mundo astral. Consultou seus livros preferidos, livros que ele mesmo criou através de seu pensamento, ouviu seus discos clássicos pelo mesmo processo, conversou com outros desencarnados, unidos a ele por laços de afinidade, e ocupou seu tempo, agora sem tempo, estudando numa biblioteca que ele mesmo construiu. No início, sem entender, via que a biblioteca desaparecia tão logo retirava dela sua atenção, depois compreendeu que era muito mais fácil estudar e ler nas bibliotecas existentes no plano físico ao seu alcance e ler qualquer livro sem ter a necessidade de ter que abri-lo.

Já estava senhor dos segredos que na grande maioria das vezes confundem aqueles que não detêm esses conhecimentos. Um fato relevante para que Masteros se assenhoreasse plenamente dos fenômenos astrais ocorreu quando pouco tempo depois do incidente com sua biblioteca, deslocando sua consciência para um subplano inferior, viu um homem elegantemente vestido, absorvido em seu trabalho. Seu corpo astral aparentava meia-idade, pois o aspecto exterior do desencarnado é sempre aquele que o próprio deseja que apresente. Masteros, aproximando-se, sentiu, através das vibrações do outro, que se tratava de um avarento milionário, quando encarnado no plano físico. O homem não pareceu notar sua presença, pois indiferente continuou seu trabalho ininterrupto, que consistia em construir um grande cofre onde acumulava moedas de ouro. O trabalho jamais terminava, pois mal o avarento virava-se para apanhar outra pilha de moedas o cofre desaparecia e ele, aflito, começava a construir outro. Esta operação durava dias e noites sem interrupção e a agonia do avarento aumentava a cada construção mental. Masteros quis ajudar, dirigindo-se ao outro e explicando que aquilo tudo só existia na sua mente. Inútil. O avarento nem pressentiu a sua presença e continuou febrilmente seu infrutífero trabalho. Naquele momento, Masteros, sentindo infinita pena, compreendeu que, estando num subplano superior ao do avarento, este jamais poderia vê-lo ou até mesmo pressenti-lo.

Masteros havia perdido completamente a noção do tempo

em que estava no mundo astral. Agora, atravessando momentos de alguma felicidade, ajudado por conhecimentos trazidos de sua última encarnação, explorava todos os subplanos inferiores, buscando auxiliar entidades que tivessem com ele alguma afinidade e aprender com outros os mistérios da vida além da morte.

Nesse estado de paz interior, Masteros foi surpreendido por uma vibração de aflição, que repercutiu no seu corpo astral com grande intensidade. O apelo aflito, com velocidade fantástica, atingiu Masteros e um impulso irresistível encontrou ressonância no íntimo do seu ser e em poucos segundos estava ligado magneticamente com seu velho amigo professor Theodoro.

Os seres desencarnados podem sentir com maior intensidade que os encarnados todas as emoções. Os sentimentos de tristeza, alegria, aflição, antipatia, simpatia, prazer, dor, ódio e amor, entre outros, repercutem nos corpos astrais mais intensamente que nos corpos físicos. Desta forma, qualquer sentimento ou emoção atinge quase que simultaneamente os desencarnados, que podem senti-las com um impacto muito maior dos que os que estão em corpo físico. Por esse motivo, Masteros, atraído ao mundo dos vivos, pôde sentir toda a desventura do seu velho amigo. Esforçou-se para se comunicar e, não conseguindo, entrou em grande aflição, ao verificar, desolado, que nada podia fazer por Theodoro. Todos os lances de sua destruição física e mental foram acompanhados por Masteros, que, impotente, os via passar diante de seus olhos do espírito. Observou as manobras do mago Rudgero, com muito medo de encontrá-lo pela frente no mundo astral, e através de sua sensibilidade tomou conhecimento da terrível vingança do mago negro, auxiliado por seu superior, o Barão Ratzinger. Viu crescer o sobrinho de Theodoro e tomou conhecimento do perigo que corria, pois Rudgero continuava a agir e comandar as forças do mal, que agora transferiam-se para Carlos Augusto, servindo de veículo sua noiva Selene, individualizada a custo da magia negra.

Todos esses acontecimentos, Masteros, ligado quase que permanentemente ao plano físico, via e sentia intensamente. Sua condição de impotência o desesperava e quanto mais este sentimento se apoderava de seu corpo astral, mais ligado ficava ao plano dos vivos.

Foi quando, sentindo-se inútil no auxílio aos entes queridos, Masteros, cada vez mais afundado no sofrimento, procurou aproximar-se de um médium. Tentou repetidas vezes, sem o menor resultado. Não sabia adensar suas vibrações para conseguir uma incorporação. Não conseguiu falar através de um clariaudiente e, então, mais desesperado ainda, sentiu toda dor e desespero que o atirou nas raias de um intenso sofrimento. Quando já pensava em abandonar tudo, sentindo que o mundo dos vivos era inteiramente inacessível para ele, foi atingido por uma vibração simpática e encontrando afinidade aproximou-se de um jovem médium. Era o doutor Ângelo Lacerda, que pressentiu sua presença, mas não conseguiu manter nenhum laço de comunicação.

Masteros seguiu Ângelo por vários dias, até que depois de algum tempo conseguiu chegar ao Centro Dr. Bezerra de Menezes. Inúmeros desencarnados transitavam pela sala e Masteros, impaciente, esperou o início dos trabalhos. Um Mentor espiritual conduzia um a um dos espíritos presentes na direção da mesa e os médiuns concentrados recebiam essas entidades, segundo a ordem determinada pelo Mentor espiritual.

Masteros prestou a máxima atenção no processo de comunicação. Cada espírito aproximava-se de um médium, que deslocava seu corpo etérico para a esquerda do corpo físico, para que a entidade comunicante pudesse se apoiar no corpo astral do médium, que criava através da glândula pineal um campo magnético semelhante, em comprimento de onda, ao do desencarnado. Estava pronta a incorporação.

Uma dúvida assolou Masteros: "e se não conseguisse estabelecer direito o contato necessário?" Mal esse pensamento aflorou na mente de Masteros, o Mentor espiritual aproximou-se e, envolvendo-o na sua luz, o conduziu na direção de um dos médiuns da mesa. Não foi ainda nesse aparelho que Masteros conseguiu incorporar e só depois de algumas tentativas infrutíferas, recebendo uma vibração de amor de Ângelo, dele aproximou-se, conseguindo finalmente se manifestar.

Após realizar esse contato, muito embora com algumas deficiências, uma sensação de paz invadiu Masteros inteiramente. Sentiu que se afastavam de seu campo espiritual sombras pesadas que o haviam sufocado de aflições. Logo foi tomado por vibrações de equilíbrio e harmonia e mais depressa ainda sentiu vibrando em seu corpo a luz do Mentor espiritual que o acolhera amorosamente no Centro.

Com a velocidade da luz situou-se num subplano acima do que ocupara anteriormente e a amplitude de liberdade o invadiu inteiramente. Um foco de luz brilhante surgiu em sua frente e delineou-se a figura de um homem jovem, todo vestido de branco, tez clara, cabelos alourados e olhos azuis banhados por uma luminosidade violeta-claro.

— Sou o irmão T... — disse em voz suave, apresentando-se.

— André Masteros — respondeu fascinado e ao mesmo tempo subjugado pela aura de amor que o envolvia.

Era um jugo suave, sem imposição alguma, mas que acontece geralmente quando entramos em contato com um ser superior. O irmão T... sorriu. Um sorriso radioso, repleto de bondade.

— Você, meu irmão, não pertence mais ao mundo dos vivos. Não atrase sua evolução espiritual querendo ajudar, deixe para os auxiliares invisíveis esse trabalho.

— Desejava de alguma forma ser útil — disse Masteros,

humilde.

— Eu sei, meu irmão.

— Ele era em vida meu fraternal amigo.

— Disse bem, em vida. Quando o Ego despe sua pesada vestimenta de carne, seu serviço passa a ter outra atribuição.

— Que atribuição, Mestre?

O irmão T... deixou escapar um leve sorriso ante esse tratamento. Foi um segundo apenas e logo, sem se alterar, respondeu:

— Queimar os efeitos que as causas pretéritas ocasionaram, para, livre dos desejos e emoções, poder enfrentar a segunda morte.

— Segunda morte?

— Sim, meu filho, quando o Ego esgota todos os efeitos que redundaram em sentimentos e emoções, nada mais o atrai ao plano físico, esgota sua permanência no astral e então passa para o mundo mental concreto, deixando no plano que ocupara um cadáver astral. É isso que denominamos de segunda morte.

— É muito difícil, Mestre, perder de repente o amor que sentimos pelos entes queridos.

— Realmente, meu filho, na senda evolutiva é a emoção a última coisa que se perde; porém, esse é o caminho que devemos percorrer.

— E o mundo mental, Mestre?

— É o mundo do descanso da alma, pois ali o Ego entra no que chamamos de devachan e goza as delícias ainda ilusórias de todas as suas aspirações realizadas.

— Quer dizer, Mestre, com todo o respeito, que não posso e nem devo mais me envolver com o plano dos vivos?

— Não deve, mas não quer dizer que não pode. O livre-arbítrio de cada um funciona até mesmo no mundo astral.

— Então, não devo fazer nada?

— Já fez, meu filho.

— Nada mais que possa fazer?

— Olhe! — disse o irmão T... e passando a mão direita nos olhos de Masteros mostrou em detalhes a cena que este admirado viu.

Eram os momentos finais da vida de Theodoro, a criação de uma sílfide artificial por Rudgero, a individualização de Cyrne por artes da magia negra, seu nascimento, no plano físico, e o envolvimento de Carlos Augusto e agora Ângelo com o mago Rudgero. Quando essas cenas, como um filme de cinema projetado numa tela, desapareceram, Masteros, que a tudo assistia muito atento, perguntou:

— Mestre! Essas cenas todas que vi, já aconteceram?

— Não, meu filho, algumas ainda estão por acontecer.

— Como pode, Mestre, o futuro estar no presente que vi?

— Consultando os arquivos da natureza, trazendo à tona os registros akáshicos.

— O que são esses registros?

— A memória da natureza, meu filho, o eterno presente.

— E o médium que utilizei, que ligação pode ter com a vingança do mago Rudgero?

— Você, meu filho, foi o veículo, portanto a causa que deu origem ao envolvimento de Ângelo.

— Como assim?

— Se você, meu filho, não tivesse intervido no plano físico, não tivesse usado esse médium para denunciar e alertar sobre as maldades desse mago e o perigo que corre Carlos Augusto, não teria envolvido Ângelo no encadeado de acontecimentos que estão para advir.

— Então, Mestre, causei mal mais uma vez?

— Causou, meu filho.

— Como posso resgatar esse carma?

— Querendo evoluir, atingir planos superiores, lá ser preparado e instruído, para então poder aspirar ao serviço desinteressado em prol de todos os semelhantes. Mas uma coisa é de extrema importância, meu filho, desligar-se completamente do mundo dos vivos.

— Será, Mestre, que dentro de minhas imperfeições estarei preparado para esse magno serviço?

— Quando o discípulo está preparado o mestre aparece.

— Perdoe minha curiosidade, mas com todo o respeito: o senhor é um Mestre?

O irmão T... sorriu e com toda a sua paciência e tranqüilidade disse:

— Sou apenas um Adepto e venho preparando cuidadosamente o irmão Ângelo desde a mais tenra idade. Quando você, meu filho, entrou em contato mediúnico com Ângelo, automaticamente entrou em sintonia comigo. Logo, meu filho, existem entre nós três causas antigas que poderemos no momento certo resgatar.

— Mas se o senhor é um Adepto, não possui mais efeitos, de vez que já queimou seu carma. É correto meu raciocínio?

— Existem dois tipos de nirmanakayas.

— O que é na realidade um nirmanakaya?

— Os nirmanakayas são seres que venceram a roda das encarnações, não necessitam mais encarnar e atuam através do mundo astral, usando-o como veículo de seus trabalhos. Os nirmanakayas têm seu ser no mundo intuicional, um plano acima do mental abstrato, em densidade de matéria, mas preferem usar o astral, como disse, para criarem correntes de energia positiva, a fim de beneficiarem coletividades humanas inteiras. Quando os nirmanakayas atuam no plano astral, criam para si mesmos corpos astrais transitórios, denominados corpos de ilusão, destruídos logo após serem usados pelos nirmanakayas.

— O senhor disse, Mestre, que existem dois tipos de nirmanakayas, quais são?

— Existem nirmanakayas com resíduos e outros sem resíduos. Aqueles que possuem resíduo irão encarnar ainda uma vez, numa época determinada, de acordo com a necessidade dos seres humanos. Esses nirmanakayas podem atuar, fazendo discípulos entre homens de adiantada evolução espiritual. Os nirmanakayas sem resíduos não têm mais encarnação por cumprir e geralmente atuam de uma forma impessoal, como já disse, criando focos de energia que são distribuídos por coletividades inteiras.

— Mestre, o senhor é um nirmanakaya?

O Adepto sorriu novamente. Seu semblante inteiro se iluminou de uma luz dourada muito intensa.

— Se você prefere que eu seja, sou — disse, deixando Masteros sem uma resposta exata para sua curiosidade.

Houve um breve instante de silêncio entre os dois. Masteros depois de algum tempo continuou perguntando, já totalmente liberto da inibição inicial.

— Os auxiliares invisíveis são nirmanakayas?

— Não, meu filho, esses seres são discípulos de um Mestre ou de um Instrutor. Embora ainda estejam longe de atingir o estágio de Adeptos, têm evoluído bastante para poderem atuar do plano mental ao astral. Uma regra é muito importante para seu aprimoramento, meu filho. Quanto mais altruísta e dedicada ao serviço for uma pessoa durante a vida física, será mais difícil encontrá-la pairando em estado de plena consciência nos subplanos inferiores do mundo astral, de onde a Terra é mais facilmente acessível.

— Seriam esses auxiliares invisíveis os Mentores espirituais?

— Em alguns casos, sim.

— Em alguns casos?

— Exatamente, pois suas funções principais restringem-se ao mundo astral, porém nada impede que em alguns casos específicos atuem no plano físico.

— Mestre, seria o grande desejo que tenho de ajudar, o motivo por que o senhor me encontrou e se interessou em me auxiliar no progresso espiritual?

— Meu filho, além das ligações anteriores, que não importam no momento, aproveito a bagagem de conhecimentos que trouxe de sua vida passada e a meta altruística que sempre norteou sua passagem pelo plano físico, dois fatores importantes para aqueles que desejam evoluir para planos superiores. É, porém, de grande validade esta regra: o conhecimento puro e simples, quando não está aliado ao "serviço", é apenas erudição oca e vazia.

— Temo não estar ainda preparado — disse Masteros com modéstia.

— Torno a repetir, meu filho. Quando o discípulo está preparado o Mestre aparece. Mas lembre-se sempre disto, meu filho: antes que a voz do discípulo possa se levantar ante a presença do Mestre, deve ter perdido toda a faculdade de ferir.

— Curvo-me contrito, submisso e humilde ante sua voz, ó Mestre! Que possa ser, de agora em diante, manso e compassivo, calmo e perseverante, não em busca de novos conhecimentos ou desejos pessoais, mas uno com os grandes Irmãos, a Irmandade dos Irmãos Maiores, para que toda a minha ação passe a ser harmonia, equilíbrio e paz, voltada unicamente para o auxílio de todos os meus semelhantes — disse Masteros exalando do seu corpo espiritual cores fluídicas que o irmão T... imediatamente identificou como sendo de pureza e sinceridade.

A aura enorme do Adepto cresceu ainda mais, envolvendo Masteros no seu infinito amor.

— Meu filho — disse — ouça e aprenda os primeiros preceitos da Senda que conduz à porta estreita. Mate a ambição, mas trabalhe como os mais ambiciosos; mate o desejo de crescimento, mas cresça interiormente até os limites do infinito. A mente é em tudo o elemento primordial, é o elemento predominante, pois tudo provém do mental. Se o mental for purificado pelo "serviço", a bem-aventurança irá sempre acompanhá-lo, como sua inseparável sombra. Atente bem, meu filho, seja senhor dos seus pensamentos, que são na maioria das vezes sutis e difíceis de serem domados e, cavaleiro desse ginete indócil, passe a ser dono de seu destino e comandante de sua alma.

Depois dessas primeiras lições, que Masteros enlevado ouvia atentamente, o Adepto que se chamava a si mesmo de irmão T... tocou o chacra frontal de seu futuro discípulo, que imediatamente caiu em um sono profundo.

Capítulo 5

— Sem omitir um pormenor sequer, foi o que aconteceu no Centro nessa última quinta-feira — disse Ângelo, acabando de relatar ao seu amigo Carlos Augusto todas as peripécias da sessão espírita.

Carlos Augusto ficou calado por um bom espaço de tempo. Quando saiu para fora de suas reflexões, foi para perguntar, mais para si mesmo:

— Masteros... Masteros. Onde é que ouvi esse nome?

— Não sei, Carlinhos, ou deveria saber?

— Não. Não. Estou intrigado com essa história toda. Que perigo afinal estou correndo?

— Isso não sei! Contei apenas os fatos, a mensagem que recebi dessa entidade desencarnada.

— Tudo isso é muito intrigante. Não conheço, tenho quase certeza, nenhum Masteros e quanto a perigos, creio que também não devo temer nenhum, pois levo uma vida calma e tranqüila.

— Quem sabe algum inimigo gratuito? Afinal um juiz, por força do seu dever, do seu cargo, deve fazer alguns inimigos.

— Mas, Ângelo, que me lembre jamais conheci ou escutei esse nome.

— O nome era esse mesmo, Carlinhos.

— Você escutou direito?

— Ora, meu amigo, eu mesmo recebi, como já lhe contei, essa entidade através de uma incorporação. Não há erro possível.

— E o perigo? Ele falou mais alguma coisa?

— Apenas o que já contei. Nem mais nem menos.

— Que perigo pode ser esse? — perguntou Carlos Augusto, meio impressionado.

A verdade é que o juiz tinha inteira confiança no seu amigo, acreditava piamente em tudo que ele falava, pois que no passado tivera inúmeras provas da autenticidade mediúnica de Ângelo. Estava, por esse motivo, temeroso e, por que não dizer, muito impressionado.

Ângelo, que estava curioso demais com a mensagem recebida e algo preocupado com o aviso de que Carlinhos corria perigo, tentou especular mais um pouco sobre o nome revelado.

— Puxa pela memória, Carlinhos, é de suma importância. Não se lembra mesmo desse nome?

— Não, Ângelo, por mais que me esforce não consigo lembrar.

— Tente, quem sabe!

— Posso afirmar com precisão. Não conheço e jamais ouvi esse nome, Masteros.

Os dois rapazes conversavam no escritório do sítio e, como ninguém naquela casa possuía segredos, a porta estava aberta. Esse detalhe não impediu que Ricardo, passando pelo corredor nesse exato momento, ouvisse a frase final de seu afilhado e o nome Masteros. Foi o bastante para que, interessado, entrasse no escritório.

— Desculpem minha intromissão, mas será que escutei direito o nome Masteros?

— O senhor conhece essa pessoa? — perguntou Carlos Augusto, interessado.

— Sim... bem... conheci há alguns anos atrás — titubeou Ricardo.

— Ele está vivo? — tornou a perguntar.

— Não... de fato não sei... por que a pergunta?

Foi Ângelo quem respondeu.

— Posso afirmar, doutor Ricardo, que ele está morto.

— Por que tanta certeza?

— Porque ontem ele se comunicou comigo através de minha mediunidade.

— Quem foi esse Masteros, padrinho?

— Bem... foi, foi um amigo de seu tio Theodoro. Ao ouvir você pronunciar esse nome e como o conheci no passado, fiquei interessado — mentiu Ricardo, escolhendo bem as palavras.

— Ah! — fez o afilhado, enquanto Ângelo olhava fixamente para Ricardo Bonina.

— Não tenho a menor dúvida quanto à sinceridade e às qualidades mediúnicas de Ângelo, porém estou curioso por um detalhe. O que veio fazer esse... esse Masteros num Centro espírita?

— Veio trazer uma mensagem para mim — disse Carlos Augusto.

— Posso saber que mensagem foi essa? Ou é particular?

— Pode — e Ângelo contou para Ricardo tudo que havia acontecido na sessão do dia anterior.

À medida que Ângelo falava, Ricardo ficava cada vez mais pálido e depois, ruborizado e muito sem jeito, conseguiu perguntar:

— Você, Ângelo, acredita realmente, e em hipótese alguma estou duvidando de sua honestidade, que foi mesmo Masteros que se comunicou?

— Tenho absoluta certeza.

— Padrinho — perguntou Carlos Augusto, que permanecera calado durante todo o relato do seu amigo — que perigo o senhor acha que estou correndo?

Uma onda de rubor subiu novamente pela face de Ricardo, que custou a responder.

— Não... não sei, meu filho. Como posso saber, talvez Ângelo, que conhece melhor do que eu essas coisas, possa esclarecer melhor.

— É justamente sobre isso que estávamos falando, antes do senhor aparecer — disse Ângelo.

Um conflito tremendo travou-se no íntimo de Ricardo. Devia ou não mostrar para o seu afilhado o diário de seu tio? Serviria de alguma maneira para ajudar Carlos Augusto? E esse perigo, que Masteros, voltando do mundo dos mortos, anunciara com tanta aflição? Qual o caminho que deveria tomar? Tudo isso pensava Ricardo, indeciso, preso nas dúvidas que assolavam seu espírito. Uma frase dita por Ângelo nesse momento decidiu Ricardo.

— É muito difícil a gente se defender do mundo invisível disse Ângelo, para seu amigo pensativo.

Foi o suficiente para Ricardo. Deu um breve sorriso para os dois, e, saindo do escritório, disse:

— Esperem um pouco. Vou buscar uma coisa que já devia há muito tempo ter mostrado para você, meu filho. Só um instante.

Pouco depois, Ricardo voltou trazendo o grosso caderno de capa dura, que continha as experiências do professor Theodoro, como também sua carta testamento, que guardara cuidadosamente por esses anos todos. Entregou-os ao seu espantado afilhado.

— Leia primeiro a carta, depois o diário com muita atenção. Creio que Ângelo, como seu amigo íntimo e mais entendido nesses assuntos, deva também tomar conhecimento. Vou sair enquanto você lê, ao terminar me chame.

Os dois ficaram alguns minutos sem ação. Que segredos

podia conter o diário de seu tio? E que ligação teria com o misterioso. Masteros? Estas indagações devem ter passado pela cabeça de Ângelo e Carlos Augusto, pois ficaram um pouco aturdidos e só depois dos primeiros instantes de indecisão é que se lançaram aos documentos e começaram sua leitura em voz alta.

— Meu Deus! — exclamou Ângelo, mal Carlos Augusto acabou de ler o diário. — Mas isso é muito sério! Sério e preocupante! Eis aí em detalhes o perigo a que Masteros se referia.

— Ainda não compreendi muito bem — disse Carlos Augusto. Por favor, Ângelo, me explique em detalhes tudo que encerram os escritos de meu tio.

Durante quase duas horas Ângelo explicou, tornando a ler vários trechos, com todos os detalhes possíveis, as incríveis e por vezes dramáticas ocorrências por que tinha passado o professor Theodoro. Foi uma verdadeira aula sobre o mundo invisível e Carlos Augusto, muito inteligente, pôde acompanhar bem as explanações.

— Tudo agora se encaixa perfeitamente — disse Ângelo terminando suas explicações. — Inclusive o diário é um tratado sobre o reino elemental e se seu padrinho me permitir gostaria de tomar algumas anotações, para futuramente escrever a respeito.

— Acho que ele não terá nada a opor — disse Carlos Augusto, ainda impressionado.

— O principal, Carlinhos, é que agora eu e você prevenidos já sabemos de onde pode vir esse perigo. Com isso, já podemos pensar numa maneira de nos defender.

— O que podemos fazer?

— Vou tentar consultar meu Mentor espiritual; ele, melhor que ninguém, poderá nos mostrar que caminhos seguir. Que medidas de segurança podemos tomar.

— Faça isso, meu amigo — disse Carlos Augusto, tomando as mãos de Ângelo entre as suas.

— No momento devemos agir com toda a calma, Carlinhos; deixe para seu amigo bruxo as providências — e Ângelo brincando procurou desanuviar as preocupações do seu amigo.

Chamaram então por Ricardo, que aparentando muita calma entrou no escritório.

Naquela mesma noite, Carlos Augusto foi noivar, levando consigo seu inseparável amigo Ângelo. Queria apresentá-lo a Selene e ao casal Siqueira Albuquerque, seus futuros sogros. Feitas as apresentações, Carlos Augusto notou que Ambrósio aparentava um ar de preocupação.

— Que houve, doutor Ambrósio? Sinto que o senhor hoje está bastante preocupado.

— Coisas... coisas sem importância — respondeu, enquanto Ângelo, Selene e Beatriz mantinham, um pouco afastados, uma animada conversa.

— Será que posso ajudar em alguma coisa? — perguntou Carlos Augusto.

— Bobagens...

— Bobagens e coisas sem importância não preocupam.

— Sua noiva.

— O que tem minha noiva?

O outro ficou indeciso e não respondeu nada. Carlos Augusto insistiu.

— O que há com Selene?

— Aqueles problemas que já lhe contei. No dia do noivado teve um outro bem pior.

— O que foi, Doutor Ambrósio?

O outro parecia lutar com seus próprios pensamentos, Afinal, em voz muito baixa, para que ninguém escutasse, contou para seu futuro genro o incidente havido com Selene. Porém, não foi assim tão baixo seu tom de voz, pois quando, ao final do relato, surgiu o nome Cyrne, Ângelo, que se encontrava a pouca distância, parou no meio de uma frase, interrompendo de forma brusca o que conversava com Selene e Beatriz, não podendo deixar de escapar uma exclamação de surpresa e preocupação.

– Meu Deus do céu, Carlinhos! Ó meu Deus!

Capítulo 6

Quem segue em direção ao Tibet, para alcançar a cidade sagrada de Lhassa, onde existe um importante lamastério onde vive o Dalai Lama, saindo de Sikkim, na cidade de Nathu-La, atravessa o vale de Chumbi, passando por vários vilarejos e lamastérios até chegar, antes do rio Tsang-Po, num lugar chamado Tashilumpo. É uma pequena aldeia situada na vertente gelada de uma grande montanha, cercada por abismos, onde um vento cortante sopra continuadamente.

Afastada da aldeia, num ponto quase inacessível, existe uma construção antiga, quase em ruínas, de feitio quadrado, acinzentada, sempre coberta por nuvens espessas. O caminhante que dela se aproxima, quando ao acaso seus passos levam-no para esta região, sente imediatamente a aura pesada, sufocante, que provoca arrepios involuntários. Pelo caminho tortuoso, sempre subindo, encontram-se tocos de velas enegrecidas, garras de pantera penduradas em troncos ressequidos pela neve, que com o zunir melancólico e constante do vento dão ao local um ar de desolação, ao mesmo tempo soturno e misterioso.

Ali é a morada do mago do barrete negro, Kalykási, e também o templo onde se reúne uma vez por ano a Grande Confraria dos Irmãos da Sombra.

Kalykási, que conserva seu corpo físico há mais de cento e noventa anos, embora seu aspecto exterior aparente a idade de cinqüenta, impaciente espera. Já estão reunidos no grande salão de teto muito alto, janelas quadradas sem vidros ou reposteiros, onde de mobiliário existe apenas uma grande mesa de mármore, muito baixa, tendo em sua volta doze almofadões forrados com pele de tigre, cinco magos negros, dois em corpo físico e três em corpo astral materializado, conversando com Kalykási. Esperam o Barão Ratzinger e seu discípulo Rudgero.

Quando os dois afinal chegaram, Kalykási levantou-se indicando seus lugares. Só então deram entrada no salão quatro discípulos adiantados do anfitrião, completando os doze lugares em volta da mesa.

Quatro grandes tambores, colocados no fundo do salão, foram percutidos por acólitos vestidos com uma bata cinza, tendo na cabeça gorros de pele negra. O efeito mágico foi imediato. Vibrações precipitadas invadiram todo o salão, tornando-o elétrico, pois nuvens negras se acumularam nos quatro cantos e faíscas eram direcionadas para o centro da mesa de mármore. Kalykási levantou-se e tirando de dentro de uma pequena sacola, que trazia amarrada na cintura de seu balandrau preto, um pó colorido de vermelho, espalhou-o sobre a mesa, desenhando com os dedos uma suástica com seus braços orientados para a posição anti-horária, inclinada em quarenta e cinco graus.

Esses pós coloridos, muito usados no Tibet, são chamados de kiilkors e com eles tanto os magos da boa lei como os irmãos da sombra fazem desenhos variados, muito parecidos com os pontos do chamado ritual de Umbanda, que eles imantam, para adquirirem poderes benéficos ou maléficos, conforme o caso.

Quando a grande suástica vermelha ficou pronta, os outros magos se levantaram e todos com as mãos espalmadas em direção ao desenho ficaram por um bom espaço de tempo mentalizando. Quando o pó vermelho começou a brilhar emitindo uma luz avermelhada, Kalykási pronunciou uma fórmula mágica e então entrou uma mulher muito jovem, vestindo uma bata curta transparente, que deixava à mostra suas formas perfeitas, trazendo na mão uma cesta de vime contendo várias velas de cera preta. Colocou as velas nas extremidades dos braços da suástica e uma bem no centro, perfazendo um total de cinco.

Kalykási, de pé, entoou um cântico de notas repetitivas e os tambores rufaram no acompanhamento, enquanto entravam no salão cinco homens e cinco mulheres, todos muito jovens e vestidos da mesma maneira que a mulher que trouxera as velas. Mal o cantochão terminou, no final acompanhado por todos os presentes, as velas por si mesmas acenderam-se e começou o ritual negro em louvor a Chi-Kang, o demônio tibetano.

Os tambores rufaram num ritmo mais apressado. A mulher que trouxera a cesta de vime tomou de um punhal que havia sobre a mesa e fez duas incisões profundas nos braços. Outra imediatamente trouxe uma gamela de cobre e recolheu o sangue que escorria abundante; então todos os outros parecendo obedecer um sinal oculto, procederam da mesma maneira. Quando todo o sangue estava coletado nas gamelas, Kalykási, tomando de uma grande gamela, recolheu das outras o sangue depositado e fez todos os presentes, exceto os sentados à mesa, beber de seu conteúdo.

Uma mulher bastante velha entrou trazendo numa bandeja uma pasta viscosa de cheiro nauseabundo. A moça que trouxera as velas foi despida e a velha começou a untar todo o seu corpo com aquela pasta feita de fuligem, gordura e excremento de bode. Outra velha trouxe um coxim vermelho e ainda outra entrou trazendo uma estátua de cor negra, em tamanho natural, metade homem e metade bode. Era a representação mágica de Chi-Kang. A estátua foi colocada no centro do salão e no coxim vermelho foi deitada a moça inteiramente nua. Os outros participantes formaram um semicírculo em volta do coxim e da estátua. Os tambores apressaram ainda mais seu ritmo e então começou uma orgia desenfreada, inominável, que por razões estéticas e morais prefiro não descrever.

Ao final da orgia satânica, as velas que estavam em cima da suástica adquiriram vida própria e, acesas, voaram todas em direção da estátua, esparramando sobre sua superfície uma gosma feita de sangue e espermacete, sangue que surgiu não se sabe de onde. Terminada a orgia, Kalykási, com um gesto, esvaziou o salão, ficando apenas os onze magos presentes, ainda sentados nos almofadões. Todos comprimentaram-se com efusivas demonstrações de apreço, retirando-se logo em seguida. Kalykási levou então seus dois convidados, Rudgero e o Barão Ratzinger, para uma sala contígua.

— Meu caro Barão — disse numa voz áspera e desagradável ao ouvido, iniciando o diálogo — é uma grande honra que concedo, em permitir que um simples discípulo assista ao grande ritual de Chi-Kang.

O Barão concordou com um gesto de cabeça e Kalykási continuou.

— E falando em discípulo, que notícias me dá sobre Rudgero, aqui presente?

— Vai indo muito bem — respondeu o Barão.

— Procuro seguir à risca as ordens e determinações de meu superior — disse Rudgero, procurando adotar uma postura humilde, demonstrando muito respeito pelo Mestre maior da Confraria dos Irmãos da Sombra — e aproveito a ocasião para agradecer esta grande honra que o senhor me concedeu.

Kalykási olhou fixamente Rudgero, com seus olhos esquivos e injetados de sangue. Parecia estudá-lo e só depois de algum tempo de detida observação é que falou dirigindo-se ao Barão e ignorando a presença do discípulo.

— Desejo, caro Barão, que me dê um relatório completo, de vez que ando extremamente atarefado com outros afazeres. Por este motivo, não estou bem a par de suas últimas atividades.

— Perfeitamente, Mestre. Vou ter que ser muito sucinto, pois para manter este corpo astral materializado despendo muita energia e não posso, por esta razão, demorar-me muito.

O outro riu. Um riso grosseiro, desarmônico, que ecoou pelas paredes da sala de forma sinistra.

— Seja — disse afinal, num tom de voz seco.

— Em primeiro lugar, o aprendizado de meu discípulo principal, aqui presente, vai transcorrendo sem problemas. Acho mesmo que ele se encontra na última etapa de se tornar um Mestre da magia negra.

— Vejo que ele já consegue, com perfeição, deslocar seu corpo astral e aparecer em nosso ritual em duplicata correta para um aprendiz — interrompeu Kalykási, tornando a olhar de maneira penetrante para Rudgero.

— É verdade, Mestre, isso prova que suas lições foram muito bem aproveitadas por ele.

Rudgero, ante as palavras elogiosas, baixou a cabeça em sinal de humildade e ficou calado.

— Prossiga em seu relatório — disse Kalykási.

— Em segundo lugar — continuou o Barão — mandei que ele executasse dois trabalhos importantes.

— Quais foram?

— O primeiro era de sua inteira responsabilidade, apenas delineei o modo, a maneira como devia ser feito.

— O caso André Masteros? — perguntou Kalykási.

— Correto.

— Caso em que ele falhou completamente.

— Falhou, Mestre?

— Falhou. A esta hora Masteros está sob os cuidados de

T..., portanto fora de nosso alcance.

— É verdade, Mestre — concordou o Barão — muito embora não tenha sido inteiramente por culpa dele.

— Tudo deve e devia ser previsto. Por esta razão não há justificativa para este erro.

— Perdão, Mestre, mas tudo aconteceu à revelia.

Kalykási, nada satisfeito, resmungou algumas palavras incompreensíveis, mas logo retomou o diálogo.

— Continue. Espero que o resto do relatório seja melhor.

O Barão não se alterou e com voz calma disse:

— Com o professor Theodoro Buckman, meu discípulo teve amplo sucesso.

— Veremos o que vai acontecer no mundo astral, ainda é muito cedo para cantar vitória.

A impressão que se tinha era de que Kalykási não se satisfazia com facilidade. O mago continuou, advertindo Ratzinger:

— Esse professorzinho está agora diretamente aos seus cuidados, Barão. Não quero que haja interferência de ninguém. Ninguém, ouviu bem? — e dirigiu seu olhar penetrante em direção ao discípulo do Barão.

— Mas, Mestre... — quis Rudgero se intrometer no assunto, no que foi interrompido por Kalykási.

— Calado! Só fale quando eu determinar!

— Entendo e estou aguardando suas ordens — e o Barão esperou as determinações de seu superior.

Não veio ordem alguma. Kalykási limitou-se a fazer nova pergunta:

— O que houve com a Sílfide?

Ratzinger respirou aliviado com a mudança de assunto. O caso Masteros e Theodoro já começavam a incomodar e o Barão em absoluto gostava de ser admoestado.

— Meu discípulo Rudgero, auxiliado por mim e meus quatro

discípulos, dissolveu a Sílfide artificial, tão logo cumpriu nossos desejos. Quanto à verdadeira Cyrne, depois de aproveitarmos suas vibrações saturadas de emanações humanas, confesso que com bastante trabalho, conseguimos juntar nossas vibrações com essas existentes e mantê-la fora de sua alma grupal. Depois, foi bem mais fácil, atraímos seu recente ego, através de magnetizações, para uma matriz que daria nascimento a uma criança, uma filha, que já morta no útero materno foi substituída por Cyrne, em sua primeira encarnação humana.

— Muito bem idealizado, porém não vejo onde querem chegar com esta alteração da corrente encarnatória. Que vantagem podemos tirar de um espírito da natureza, agora humano?

— A vantagem, Mestre, de termos à mão um veículo apropriado para atingir Theodoro e seu sobrinho Carlos Augusto.

— Como assim? — Kalykási queria mais detalhes sobre a operação dirigida pelo Barão, assessorado por Rudgero.

— Perdemos, como o senhor disse, André Masteros, mas ainda temos Theodoro no astral, que poderá servir nas nossas fileiras, como também seu sobrinho Carlos Augusto.

— Se vocês tivessem seguido minhas instruções iniciais, teríamos agora nos servindo Masteros e Theodoro.

Kalykási novamente voltou a censurar o Barão e Rudgero. Ratzinger procurou se justificar da melhor maneira possível.

— Infelizmente perdemos Masteros, mas não se esqueça, Mestre, temos Theodoro no mundo astral.

— Prefiro que seu discípulo prossiga na vingança que idealizou, pois com eles mortos podemos usar suas sombras[1] para os fins que desejarmos.

Rudgero sorriu intimamente, feliz por poder realizar o que tanto queria. Não deu, porém, a menor demonstração e continuou

1 A sombra é o cadaver astral, ainda impregnada de energia mental, quando o ego deixa aquele plano para passar para o plano mental concreto.

calado, prestando a máxima atenção aos assuntos ventilados.

— Pois que seja assim — disse o Barão em resposta ao seu mestre.

— O que vão fazer agora com essa Sílfide encarnada no reino hominal?

— Meu discípulo Rudgero imantou um anel que lhe foi dado por ocasião de seu noivado com o sobrinho de Theodoro. Esta imantação tem como principal finalidade ligá-la magneticamente conosco, para podermos manipulá-la, usando-a para o nosso propósito.

— Que é dominar o sobrinho do professor?

— Exatamente, Mestre. Ou usamos os dois como serviçais de nossas fileiras ou então, como o senhor diz, alimentamos seus carmas negativos, para que deixem o plano físico e passando para o astral se possa manipulá-los segundo nossa vontade.

— Espero que dessa vez não haja erros!

— Não haverá, Mestre.

— E o que tem para me dizer sobre esse doutor Ângelo?

— O senhor sabe de tudo que acontece, Mestre.

— Quase tudo. Afinal preciso saber, pois a responsabilidade de toda a Confraria está há mais de um século sobre os meus ombros — respondeu Kalykási, com uma ponta de orgulho na voz.

— O doutor Ângelo foi o veículo mediúnico de que se serviu Masteros para acertar Carlos Augusto.

— E o que foi feito com ele?

— Por enquanto nada. Aguardo instruções.

— Ainda bem que não fizeram nada.

— Por que, Mestre?

— Porque não podemos combatê-lo frontalmente.

— Não compreendi, Mestre.

— Ele está sob os cuidados de T... desde criança — disse Kalykási pensativo.

— Compreendo.

— Quero — disse dirigindo-se aos dois — que comecem imediatamente a amuar nele de forma indireta. Não podemos nos expor, por isso devemos tomar muito cuidado. É muito perigoso e desvantajoso para nós um confronto direto com os Adeptos da Confraria Branca.

— Perfeitamente, Mestre — disseram os dois.

— Outra coisa — disse dirigindo-se a Rudgero. — É de suma importância que você conserve, o maior tempo possível, sua consciência enfocada no mundo astral. Atue de preferência em corpo astral. Você tem seguido essa regra?

— De fato, Mestre, descuidei-me um pouco dessa parte — e Rudgero se desmanchou em desculpas.

Kalykási encarou-o com o semblante contraído. — Que seja a última vez!

— A última vez, Mestre — repetiu Rudgero assentindo.

— Quanto a você, Barão Ratzinger, quero que não descuide um só momento de Theodoro. Entendido?

— Entendido, Mestre.

— Hoje — disse Kalykási, com o semblante já descontraído, um sorriso malévolo em seus lábios finos — com o ritual anual que fizemos em louvor a Chi-Kang conseguimos, através da energia sexual liberada, com o auxílio da virgem que foi possuída pelos membros da Confraria e pelo próprio Chi-Kang, matéria astral necessária para modelar neste plano alguns artificiais, que irão engrossar nossas fileiras.[2] Fica a seu cargo, Barão, a manipulação desses artificiais, para usá-los quando necessário. Todos os anos, com esses rituais, conseguimos cada

2 O sexo é uma energia divina que, além de perpetuação da espécie, realiza uma alquimia sutil de expansão da consciência na direção da Unidade. A energia sexual, quando usada em rituais mágicos de magia negra, desce para os chacras inferiores, vivificando-os, e é dessa força energética satanizada que os magos da mão esquerda usam para propósitos maléficos. Não entraremos em maiores detalhes, para não despertar conhecimentos e técnicas que jamais devem ser usados.

vez mais elementos, mais combustível para queimar na fogueira de nossas maquinações.

— Farei como deseja, Mestre.

— Mais uma coisa, Barão, use somente em recurso extremo esses artificiais. Como já disse anteriormente, repito: a luta deve ser sempre nas sombras, de forma indireta. Não podemos e não devemos deixar que os nossos inimigos conheçam as armas de que dispomos. Tudo bem entendido, Barão?

— Iremos trabalhar de acordo com suas determinações — disse Ratzinger.

Rudgero, mudo, temeroso de dizer qualquer coisa, fez apenas um pequeno movimento de cabeça.

— Vão em paz, meus filhos, que a poderosa força de Chi-Kang os acompanhe na viagem de volta — disse Kalykási, despedindo-se.

Rudgero desmaterializou o corpo criado por sua vontade, e o Barão fazendo o mesmo, voltaram ambos em segundos para o mundo astral.

Capítulo 7

O anel mágico, presente de Rudgero, que Selene nunca mais tirara do dedo, já havia começado a produzir seus efeitos. Selene estava com o gênio mais instável, com períodos tempestuosos de explosões de raiva que chegavam a produzir algum temor em dona Beatriz, que nestes momentos tinha medo da própria filha. E não parava por aí, praticava constantemente pequenas maldades, ora com a velha Bá, ora infligindo os maiores sofrimentos ao seu cão, já com a família por mais de oito anos, o que parecia lhe causar grande satisfação. Os amigos da casa eram também o alvo predileto de Selene, que tinha o maior prazer em atacá-los com frases maldosas e intrigas que suscitavam grande mal-estar.

Ambrósio, desesperado com o estado da filha e temendo que alguma desgraça pudesse acontecer com ela, consultou sem demora um psiquiatra em Nova Friburgo. Ficou de voltar à consulta trazendo a filha, mas esta negou-se, com palavras de desprezo pelos médicos e a medicina, indo num crescendo que quase atingiu as raias da loucura. Ambrósio recuou. Tentou conversar com a filha e carinhosamente, enquanto falava, procurou acariciar seus cabelos, mas foi repelido com uma agressão verbal. Angustiado, deixou o quarto da filha, deixando-a entregue a uma divagação louca, pois entre as palavras ásperas trocadas com o pai afirmava que debaixo de sua cama havia vários Duendes, que conversavam diariamente com ela.

O pobre Ambrósio foi se consolar com Beatriz, disposto a tentar quantas vezes fosse preciso, convencer Selene de que deveria procurar um médico. Não terminaram nesse dia as atribulações de Ambrósio e Beatriz, pois mal acabara seu triste diálogo com a mulher eis que a filha, completamente mudada, feliz e aos pulos, entrou pela sala adentro numa alegria ruidosa.

— Paizinho, mãezinha! Veja! — e apontava para o anel sem parar de saltitar. — Vejam meu anel! Meu anel é mágico! Ele pode me levar para onde eu quiser! Veja, pai! Veja, mãe! Fui agora mesmo, voando por sobre a cidade, parar num lugar lindo cheio de flores! Lá uma porção de fadinhas me recebeu e brincamos uma porção de tempo. Eu não sou mais Selene, não sou Selene! Sou Cyrne, meu nome é Cyrne, uma Sílfide do ar!

Ambrósio e Beatriz se entreolharam, espantados e entristecidos. "Minha pobre filhinha", pensou Ambrósio, "está completamente insana. Tenho que fazer alguma coisa o mais rápido possível." Beatriz ficou muda, enquanto lágrimas rolavam uma a uma pelo seu rosto. Conforme entrara na sala, Selene saiu, sempre pulando e gritando: — Veja! Veja! — Pouco tempo depois, Ambrósio se decidiu: beijou a esposa na testa e, sem mais uma palavra sequer, saiu de casa à procura do futuro genro.

— Que bons ventos o trazem, Doutor Ambrósio? — perguntou Carlos Augusto, fechando uma pasta volumosa que folheava, colocando-a ao lado da mesa.

— Ah! meu filho, problemas...

— Espero que não sejam problemas jurídicos — brincou o juiz, encarando Ambrósio.

— Antes fossem! Antes fossem!

— De que se trata?

— Me diz uma coisa com toda a sinceridade — e Ambrósio fitou Carlos Augusto nos olhos.

— Pois não.

— Você tem notado alguma coisa de diferente na sua noiva?

— Diferente?

— É, diferente. Alguma coisa estranha no seu comportamento?

— Não, acho que não! Por quê?

O outro não respondeu diretamente à pergunta e depois de algum tempo calado fez outra.

— Você não acha que Selene ultimamente está muito diferente?

— Torno a perguntar, Doutor Ambrósio: diferente como?

— Não sei, alguma coisa está acontecendo com ela.

— Não notei nada. Ela continua me tratando da mesma maneira. Talvez um pouco nervosa. Não sei! Quem sabe o casamento próximo, se é isso que o senhor quer saber.

Ambrósio torcia as mãos de aflição e Carlos Augusto, que nunca o vira assim tão descontrolado, preocupou-se.

— O senhor está se sentindo mal? Me diga, por favor! O que posso fazer pelo senhor?

— Não, não estou sentindo nada. Não é comigo, é com Selene.

— Então me conte a causa de tanta preocupação.

— Ela tem feito e dito coisas que uma pessoa em seu estado normal jamais faria ou falaria.

— Coisas? Coisas é muito vago.

— Ela... ela... vou lhe contar, Carlos Augusto.

— Conte tudo — e o juiz agora é quem se preocupava.

— Uma instabilidade constante de gênio, ataques de fúria súbita, sem razão aparente, e períodos de grande depressão. Sente um prazer enorme em ser desagradável e diz coisas horríveis — finalizou Ambrósio com tristeza na voz.

— Estranho! Como é que nunca notei nada disso que o senhor me fala? Comigo seu comportamento é sempre normal. Continua doce e carinhosa como sempre.

— Talvez porque você não está constantemente com ela.

— É, talvez! — disse o juiz, absorto.

— Diga-me, Carlos Augusto — falou Ambrósio, depois de alguns instantes de silêncio, em que ambos mergulharam. — Não sei se tem relação, mas como agora me lembrei, aproveito para perguntar.

— Pergunte.

— Naquela noite em que você foi em minha casa, levando aquele seu amigo... Como é mesmo seu nome?

— Doutor Ângelo Lacerda.

— Isso mesmo, Doutor Ângelo. Por que ele teve aquela exclamação de espanto e ao mesmo tempo de aflição? Não sei ao certo. Seria uma exclamação de preocupação?

O nome Cyrne, escrito no diário de Theodoro, veio imediatamente à cabeça de Carlos Augusto. "Teria alguma relação com a história contada pelo seu tio, ou apenas coincidência Selene dizer que se chamava Cyrne?" Todas essas idéias passaram rápidas pela sua mente. Quando respondeu, foi com uma evasiva, pois não queria, pelo menos naquele instante, revelar para Ambrósio o conteúdo do diário de seu tio.

— Não sei, Doutor Ambrósio, Ângelo é muito místico.

— Místico?

— É, Doutor. Ângelo possui uma sensibilidade à flor da pele. Vai ver ele teve uma dessas intuições, freqüentes nele, e por esse motivo não pôde deixar de externar sua surpresa, ou quem sabe, sua preocupação com aquilo que ouviu.

Ambrósio não parecia convencido, pois insistiu na pergunta: — Não acha muita coincidência? Eu falava de Selene para você e esse seu amigo, nesse exato momento, deixou escapar um grito de aflição no instante em que surgiu o nome Cyrne.

— É possível que tenha sido apenas coincidência — e o juiz procurava fugir do assunto.

— O Doutor Ângelo, depois que vocês foram embora, não lhe falou mais nada a respeito?

— Não — mentiu Carlos Augusto.

— Você já tinha ouvido antes esse nome?

— Não — tornou a mentir o juiz.

— Não sei mais o que devo fazer com minha filha, estou muito confuso — disse Ambrósio mudando de assunto, para alívio de Carlos Augusto, que entrou rápido com uma pergunta:

— Já tentou um médico? Embora ache que Selene não tem nada, apenas um pouco nervosa, quem sabe?

— Ela se nega peremptoriamente a ir a qualquer médico.

— Talvez um analista.

— Já tentei de tudo. Beatriz, coitada, tem chorado muito por causa disso e eu, confesso, estou desnorteado. Selene é nossa filha única e fico apavorado só de pensar que ela pode estar tendo uma coisa grave. — E Ambrósio evitou, com medo de dizer a palavra certa: maluca.

— Grave! Ora, Doutor Ambrósio! Selene não tem nada, e o senhor e Dona Beatriz estão se preocupando à toa.

— Deus queira que você esteja certo.

— Acho que estou, o senhor vai ver, eu e Selene iremos nos casar, seremos muito felizes e logo, logo, o senhor terá alguns netos para então se preocupar de verdade.

A fisionomia de Ambrósio desanuviou-se um pouco, deu um sorriso triste e olhando para a ponta dos sapatos disse:

— Queria ter a certeza que a juventude sempre tem. Não é sem propósito que um grande amigo que tenho, um amigo muito sábio, diz sempre que quando a mocidade chega os velhos devem se calar.

— Levante esse ânimo, Doutor Ambrósio, cabeça para cima! Hoje à noite vou passar pela sua casa e ter uma conversa com Selene.

— Vai tocar no assunto?

— Vou.

— E se ela não quiser conversar?

— Comigo ela sempre conversa.

— Tomara que você consiga alguma coisa.

— Vou conseguir, tenho certeza! Depois de ter uma conversa longa com ela, em que vou com muito jeito e carinho abordar essas coisas todas que o senhor me contou, verá que tudo não está tão ruim assim. Às vezes, nós mesmos criamos fantasmas, que depois de deixar que eles existam fogem ao nosso controle.

— Mas não são fantasmas, são fatos reais.

— Então deixe esses problemas comigo. Depois da conversa que vou ter com minha noiva, tudo vai melhorar — disse Carlos Augusto com convicção.

Ambrósio pareceu mais animado. Começou a se despedir do futuro genro, quando, lembrando-se de um detalhe, disse:

— Hoje, antes de vir para cá, Selene teve uma grande crise.

— Crise nervosa?

— Não, acho que não. Nem sei mais se foi nervoso ou descontrole emocional. Não sei se divertia-se a nossa custa ou se brincava, uma brincadeira malvada, é certo mas... sei lá, já não sei mais nada! — desabafou.

— O que ela disse durante a... durante a crise?

— Entre outras coisas disse que seu nome não era mais Selene, era Cyrne, uma Sílfide do ar.

Estas palavras estouraram como uma bomba no cérebro de Carlos Augusto. A dúvida que existia anteriormente desapareceu por completo. Por fim se decidiu. Abriu a gaveta lateral de sua escrivaninha, dela retirando o grosso caderno de capa dura que continha as experiências de seu tio.

— Leia — disse entregando o caderno ao espantado Ambrósio. — Ao acabar de ler, conversaremos.

Trancou a porta do escritório, avisando sua secretária de que não queria ser perturbado sob hipótese alguma.

Capítulo 8

Padre Francisco Moncey bebeu aos pequenos goles a sopa quente e saborosa, estalando de quando em vez a língua, aprovação muda de sua qualidade e sabor. Todos os dias, àquela mesma hora, sete em ponto da noite, o padre Francisco repetia esse ritual, acompanhado de perto por Dona Marieta, dura e silenciosa ao seu lado. Marieta fazia as vezes de cozinheira, copeira e arrumadeira, cuidando do padre já há alguns anos, de forma maternal e carinhosa.

Como sempre, ao final da frugal refeição, um mero prato de sopa de legumes, hábito que adquirira há longos anos, a velha Marieta perguntou:

— Estava boa, padre Francisco?

A pergunta era sempre a mesma, a resposta também.

— Excelente como sempre, Marieta.

Estas eram há vários anos as únicas palavras trocadas entre o prelado e sua serviçal, durante a noite. Depois, Francisco se recolhia ao seu quarto para ler e estudar. A velha empregada retirava-se para a cozinha e pouco depois para seu quarto, já acostumada com os hábitos metódicos do seu patrão. Não que com estas atitudes o padre fosse carrancudo ou tivesse mau gênio. Muito ao contrário, padre Francisco era manso e doce, incapaz de ferir alguém, quer por palavras, quer por ações. Era um religioso na acepção da palavra.

Filho de pai francês e mãe portuguesa, daí a origem do sobrenome Moncey, herança proveniente de remotíssimas origens nobres, foi educado em Coimbra, onde fez com brilhantismo o curso de letras e humanidades. Como desde muito cedo demonstrasse tendências místicas, seus pais concordaram que fosse para o Seminário, onde também brilhou, por sua inteligência e dotes vocacionais.

Muito pouco tempo o agora padre Francisco ficou em Lisboa. A seu pedido foi enviado para a Índia, na ex-província de Goa, servindo com muita fé e desprendimento no quase arruinado Mosteiro de Bom Jesus, Abadia histórica, pois lá se encontram os restos mortais de São Francisco Xavier.

Em Goa, cidade pobre, de gente mais pobre ainda, pois sua grande maioria sobrevive à custa da agricultura, logo o padre Francisco pôde começar uma obra assistencial junto às crianças, o que lhe dava enorme prazer e cada vez mais vontade de fazer o possível e o impossível, para tentar ajudar aquele povo e aquelas crianças.

Sua fama de homem bom e caridoso se espalhou entre a população, que de natureza esquiva diante de estranhos, principalmente em se tratando de um sacerdote pregando crenças diferentes das suas, pouco a pouco foi se aproximando do padre e ele pôde, em curto espaço de tempo, desfrutar da condição de benfeitor e amigo dos pobres. Criou no Mosteiro uma sala de estudos, para ensinar o catecismo às crianças. Aproveitando a inteligência de alguns, começou a ministrar matérias mais adiantadas, com o beneplácito do primaz das índias Orientais, o Bispo da Arquidiocese Metropolitana de Goa, que lhe deu todo o apoio e condições para realizar este trabalho.

Quando Francisco pensava que sua vida iria se constituir apenas do magistério, catequese e ajuda aos mais necessitados, um incidente que presenciou por acaso mudou completamente sua existência. Um aglomerado numa praça chamou sua atenção. Um homem muito magro, um faquir, comum nesta região, ia ser enterrado vivo por trinta dias. Curioso, o prelado aproximou-se e observou detidamente o início da operação, supervisionada por um auxiliar, discípulo do faquir, e guardas armados comandados por um oficial de patente inferior.

A operação é rápida e não requer grandes preparativos. O corpo do faquir, (que depois o padre aprendeu que o nome correto é iogue), vestido apenas com uma tanga, foi todo esfregado com um líquido viscoso por seu auxiliar, depois sua língua foi dobrada para dentro, obliterando assim a entrada da faringe.

Pequenas bolas de cera foram colocadas em suas cavidades, vedando as narinas, orelhas e ânus, sendo logo após estas providências iniciais introduzido em um saco que foi costurado e lacrado pelos soldados. Colocado dentro de um caixão, foi descido para o buraco previamente aberto, onde lançaram terra cobrindo-o totalmente. Sementes de germinação rápida foram lançadas na terra, que foi regada com bastante água.

Todos os dias, Francisco, muito curioso, se aproximava do local do enterro, agora coberto com uma espécie de grama rasteira, e intrigado ficava ali horas a fio, pensando no assunto sem chegar a qualquer conclusão. No final dos trinta dias, o prelado foi um dos primeiros a chegar ao local. Uma pequena multidão rodeava a praça, vigiada por vários soldados, que estabeleciam a ordem. O buraco foi aberto e o caixão, apresentando alguns estragos causados pelo tempo e umidade, foi retirado do seu interior. O iogue, agora muito mais magro, na posição fetal, parecia morto, depois que foi descosido o sudário e rompido o lacre pelos soldados. Um homem morto, esta foi a primeira impressão que padre Francisco teve, atento na primeira fila da multidão. O discípulo do iogue com presteza aproximou-se e tornou a esfregar pelo seu corpo o líquido viscoso, depois de desdobrar sua língua. Retirou as bolas de cera que obliteravam todas as cavidades do iogue e então procedeu a uma massagem, a princípio leve, e depois vigorosa, no plexo solar. Pequenos tremores percorreram o corpo inteiro do enterrado e lentamente foram se intensificando, até que para espanto e incredulidade do padre o iogue, auxiliado pelo seu discípulo, levantou-se e encarando a multidão, naquela hora em completo silêncio, deixou escapar um breve sorriso.

Durante três noites seguidas o prelado não conseguiu conciliar o sono. Por mais que pensasse, por mais que aventasse as mais incríveis teorias e hipóteses, não conseguia explicar o fenômeno que presenciara. Aquele fato abalou completamente suas convicções e quando não sabia mais o que teorizar, para encontrar uma explicação razoável, e se dispunha a deixar de lado tal assunto, conformado com o inexplicável, recebeu poucos dias depois uma visita que foi fundamental e definitiva para a mudança de sua vida.

Um homem ainda jovem, que ele não conhecia, vestido com um balandrau muito alvo, turbante de seda da mesma cor, onde na parte frontal havia uma gema verde de grande valor, barba curta e bem cuidada, trigueiro, dessa cor mate, própria do indiano, olhos escuros e penetrantes, nariz aquilino e boca bem delineada, encimando um queixo um pouco grande, que dava a sua aparência um ar de nobreza, a ele se dirigiu num português perfeito, sem qualquer sotaque.

— Muito prazer, padre Francisco, fico muito grato em me receber e peço mil desculpas por incomodá-lo — o tratamento era gentil e obsequioso.

— O prazer é todo meu, senhor...

— Karanshi, padre, seu humilde servidor — e juntou a palma das mãos em frente ao peito.

— Já fomos apresentados, senhor Karanshi?

— Ainda não tive esta honra.

— Em que posso servi-lo?

Karanshi sorriu, deixando à mostra uma fileira de dentes muito brancos e perfeitamente simétricos.

— Talvez, quem sabe, eu possa servir ao senhor — disse o indiano.

— Servir-me?

— Sim, padre, explicar o que tanto o preocupa no momento.

Padre Francisco ficou pensativo. "Com certeza esse homem devia tê-lo visto na praça durante o enterro do iogue e agora estava ali para lhe explicar o fenômeno." Tudo isso o prelado pensou, antes de retomar o diálogo.

— O senhor por acaso me viu na praça, durante... durante o enterro do iogue?

— Não, padre, não estive lá.

— Então como... — foi interrompido delicadamente pelo outro. — Não me pergunte agora como sei o quanto este, digamos assim, este incidente o está preocupando. Não é certo, padre?

— Exatamente — respondeu admirado.

Karanshi esperou pacientemente que o prelado se recompusesse.

— Peço que me desculpe, mas quem é afinal o senhor?

— Digamos que eu seja um discípulo. Um discípulo que veio até aqui para ajudá-lo no que for possível.

— Discípulo?

— Karanshi, discípulo de um Mestre da Sabedoria — disse, curvando ligeiramente a cabeça.

— Mestre da Sabedoria?

— Sim, padre Francisco, sirvo a um grande ser, um homem perfeito, ao qual dediquei toda a minha vida.

O prelado ficou muito interessado. Já por diversas vezes

ouvira falar nesses Mestres, homens que se supunham inacessíveis, que sempre julgara ser parte da lenda ou superstições dos indianos. No auge da curiosidade, perguntou:

— Diga-me, senhor Karanshi, existem realmente esses Mestres?

— Existem.

— Sempre pensei que esses Mestres faziam parte da tradição religiosa, jamais pensei que existissem. Sempre atribuí esta tradição à lenda.

— Posso afirmar que existem esses Mestres.

— E onde eles vivem?

— Em vários lugares — respondeu Karanshi evasivamente.

— Posso lhe fazer uma pergunta?

— Todas que quiser, padre.

— Com todo respeito, não quero que o senhor veja nisto uma dúvida, longe de mim duvidar do senhor. Mas diga-me, senhor Karanshi, seu Mestre é um homem vivo?

O discípulo riu, um riso agradável. Seus olhos negros brilharam quando respondeu:

— Tão vivo como eu e o senhor.

— Posso saber onde ele vive, ou é muita indiscrição minha?

— Meu Mestre no momento está no Himalaia, no Lamastério dos monges do gorro amarelo, no Tibet.

Padre Francisco ficou pensando por alguns momentos, analisando tudo aquilo que o outro lhe dissera, quando foi despertado de suas divagações por Karanshi.

— O senhor não pode entender como um homem pode se enterrar por trinta dias e depois sair completamente ileso, não é, padre?

— É verdade, isto tem me confundido e intrigado muito.

— É muito simples.

— O senhor acha muito simples um homem sair de debaixo da terra, vivo, depois de trinta dias?

— Um iogue, padre, pode controlar sua circulação sangüínea, pode também manter suspensos ao mínimo os batimentos do coração. Assim, ele controla através da vontade todas as funções involuntárias do organismo, entrando num estado que a medicina moderna chama de cataléptico, mas que é, nada mais nada menos, que a suspensão temporária das funções vitais.

— É incrível! Nunca pensei que pudesse ser feito!

— A vontade, padre, é uma energia poderosa, que, quando usada por quem sabe, pode produzir coisas admiráveis e ao mesmo tempo inexplicáveis para o vulgo.

— Ainda não posso entender, senhor Karanshi, como a vontade pura e simples pode atuar em mecanismos físicos.

— Vou dar um pequeno exemplo, um exemplo que o senhor conhece muito bem. A hipnose, usada amplamente no Ocidente, para através dela serem feitas pequenas operações cirúrgicas. O hipnotizador comanda pela sua vontade que não vai haver sangramento e pode-se constatar que após esse comando a crase sangüínea é dominada. Logo, padre, a hipnose, que é sugestão provocada, pela ordem dada pela vontade do operador, leva-nos a concluir que a matéria é passiva à mente. Pode ser manipulada, modificada pela ação da mente, tendo como veículo a energia-vontade.

— Nunca tinha pensado no assunto por esse prisma — disse padre Francisco pensativo.

— O senhor tem uma folha de papel em branco?

O prelado se espantou um pouco com a pergunta, que achou naquele momento um pouco fora de propósito. O outro insistiu e o padre, ainda sem compreender direito aquele pedido, tirou da gaveta de sua escrivaninha uma folha de papel em branco, entregando-a a Karanshi.

— Não se preocupe, padre Francisco, é para fazer uma pequena experiência.

Karanshi dobrou o papel ao meio e o colocou sobre o tampo da escrivaninha. Pediu um minuto de silêncio e olhar perdido no infinito entrou em profunda concentração. Após alguns minutos de espera, padre Francisco, tenso, pois esperava alguma coisa surpreendente, viu com alívio que Karanshi, agora descontraído, lhe endereçava um breve sorriso.

— Desdobre o papel, padre — pediu com toda a calma.

Com dedos nervosos, Francisco desdobrou o papel e assombrado leu o que estava escrito em uma letra firme e regular:

"Caro irmão, padre Francisco Moncey.

Se for de seu agrado e sua livre vontade, convido-o a passar uma temporada comigo no Lamastério dos monges do barrete amarelo, no Tibet. Lá, além de desfrutar do prazer de sua companhia, juntos poderemos esclarecer os fenômenos que tanto o preocupam. Além disso, o senhor, que possui verdadeiro amor pelo estudo, poderá consultar livros que não existem em qualquer biblioteca do mundo, aprimorando assim seus conhecimentos.

Sabedor de que o senhor tem disponibilidades relativas ao seu trabalho no Mosteiro, sei que não terá a menor dificuldade em conseguir uma licença com o reverendíssimo Bispo.

Certo de que o prazer de sua visita será idêntico ao meu em poder recebê-lo, desejo que a paz esteja no seu coração.

Com profunda admiração e respeito Irmão T..."

Atônito, o padre leu por três vezes a misteriosa carta que aparecera como por encanto. Ainda aturdido, pasmo com o acontecimento, olhou aflito para Karanshi que, muito tranqüilo, sorria, perguntando:

— Meu Deus! Como pôde fazer isto? — e exclamou perturbado. — É impressionante e inexplicável!

— Calma, padre, não existe nada de impressionante ou inexplicável. Apenas entrei em sintonia com meu Mestre no Tibet e ele precipitou esta carta que o senhor leu.

— Mas como? Não posso compreender.

— Se o senhor atender ao convite de meu Mestre, encontrará, tenho certeza, todas as explicações que quiser. Basta me comunicar neste endereço — e entregou um cartão de visitas ao prelado — que estarei ao seu dispor para conduzi-lo até meu Mestre. Que o senhor tenha uma boa noite — disse Karanshi, despedindo-se do confuso e aturdido padre Francisco.

Durante uma semana o prelado pensou no assunto e, como não chegasse a nenhuma conclusão, resolveu pedir a seu superior a licença necessária, para poder encetar uma viagem ao Tibet. Naquele momento, o maior desejo de Francisco era desvendar todos os mistérios que o perturbavam, e por que não dizer, estudar a fundo a filosofia oriental, da qual possuía algumas noções.

Durante dois anos inteiros, sendo de forma misteriosa renovada sua licença a cada seis meses, concedida de forma inexplicável, padre Francisco privou da companhia do Mestre Irmão T..., que pacientemente o orientou no difícil caminho que leva à Iniciação. Primeiro o Mestre o submeteu a diversas provas físicas e mentais, que o prelado levou a bom termo, acostumado com exercícios e meditações cotidianamente feitas no Mosteiro. Quanto às provas que demandavam obstáculos físicos, Francisco também não encontrou dificuldades. A vida monástica, que vivera quase a vida inteira, foi de auxílio prestimoso. Depois, o Mestre lhe ministrou os conhecimentos milenares da Sabedoria Universal e ao mesmo tempo ensinou-o a dominar o veículo físico e todas as técnicas de respiração iogue com os exercícios específicos.

Fez assim o padre Franscisco as primeiras Iniciações e

quando se preparava para fazer a terceira e mais difícil, recebeu a notícia, através de seu Mestre, do falecimento de seus pais em Portugal.

O prelado, agora um novo homem, voltou a Goa, conseguiu a licença necessária e rumou para Lisboa. Uma grande fortuna lhe cabia como herança e padre Francisco, encarando a vida agora como uma mera passagem pelo plano para aprimoramento de experiências, reflexo da vida pretérita, conhecendo o trabalho que os Mestres da Confraria Branca desenvolviam na América do Sul, pediu a sua Ordem e lhe foi concedida licença para se transferir para o Brasil. Com a fortuna herdada, pretendia padre Francisco usá-la em atividades assistenciais.

Já por dez anos nesta nova terra, o prelado foi designado para o Estado do Rio, na cidade de Petrópolis, onde o encontramos agora, na pequena casa que alugou, próxima à Igreja de Santo Antônio no Alto da Serra. Nessa diocese, Padre Francisco continua ajudando os pobres e com seus próprios recursos, agora imensos, mantém um Asilo que agora abriga mais de duzentos meninos e meninas, órfãos deserdados da sorte.

Padre Francisco retirou-se para seu quarto e começou a ler. A casa estava silenciosa e Marieta já há muito devia estar dormindo. Campainhas sonoras despertaram o padre de sua leitura e imediatamente materializou-se no quarto seu Mestre, Irmão T...

— A paz esteja no seu coração, meu filho — saudou o Mestre.

— Paz a todos os seres — respondeu Francisco.

— Preciso de você, meu filho.

— Minha vida lhe pertence, Mestre — disse o prelado curvando a cabeça.

— Vou lhe relatar em poucas palavras o que está acontecendo — disse o Irmão T... — e contou para seu discípulo a trama havida no Tibet, conduzida por Kalykási, o mago negro, dando detalhes sobre o acontecido com Theodoro, Masteros e a própria Cyrne. O outro escutou sem interromper e quando o Mestre terminou, com o máximo respeito a ele se dirigiu:

— Não havia necessidade, Mestre, do senhor me contar todos os detalhes desta triste história. Estou e estarei sempre ao seu dispor.

— Eu sei perfeitamente, meu filho, mas como preciso de seu corpo, o faço com sua aquiescência plena e jamais violentando sua vontade soberana. Fiz questão de que soubesse de todos os fatos, para que de livre e espontânea vontade me emprestasse seu corpo físico, sabendo o que vou fazer com ele.

— Sempre estou e estarei à disposição do meu Mestre.

— Eu agradeço, meu filho.

Esta técnica é comumente usada pelos Mestres. Eles, é óbvio, poderiam criar um corpo físico, pelo poder da vontade, e nele atuar, porém tal procedimento é realizado com grande dispêndio de energia, energia que os Mestres preferem utilizar para outros fins, inimagináveis para o comum dos mortais. Usando o corpo dos discípulos, os Mestres, além de não desperdiçarem energias, impregnam, usando tal procedimento, com vibrações benéficas e balsâmicas os corpos utilizados. A operação é simples para os Mestres e não apresenta dificuldades para um discípulo bem treinado. Muito embora, para nós ocidentais, esta ocupação de um corpo vivo por outra pessoa seja bastante estranha e até incompreensível para a nossa concepção científica e racional, tal procedimento ocorre e é conhecido pelos estudiosos orientais como A'ves'a, que se pronuncia — aveixa.

Padre Francisco apagou a luz, porque a luz é uma força física, que entrando nos olhos de um corpo desocupado pode se chocar com o corpo astral do ocupante temporário, ocasionando um choque capaz de paralisar o corpo ocupado. Tomada esta precaução, o prelado deitou-se, relaxando e mantendo sua mentalização na cor fluídica do Irmão T... e começando uma respiração rítmica iogue. Quando chegou ao ponto de maior relaxamento, deslocou seus veículos astrais e etéricos para fora do corpo denso e o Mestre, deslocando seu corpo astral e mental, penetrou no corpo do prelado pelo chacra do alto da cabeça, atingindo o plexo solar agora vazio, regulando e adequando as funções orgânicas e vitais do corpo ocupado. Ao realizar tal operação, o Mestre passou a controlar o novo veículo. Ato contínuo, escreveu um bilhete para Marieta, instruindo-a sobre alguns afazeres domésticos e avisando que permaneceria fora por três dias. Esta viagem repentina não iria causar estranheza à serviçal, pois era comum no padre tal procedimento.

O Mestre, ocupando o corpo de padre Francisco, trancou a porta do quarto, levando a chave, e silenciosamente saiu, rumando para o Rio de Janeiro, em direção à casa do Doutor Ângelo Lacerda.

Capítulo 9

Selene, encolhida em sua cama macia, dormia e sonhava. Existem duas espécies de sonhos: os sonhos do cérebro físico e os sonhos astrais. Os primeiros já foram por demais explicados em detalhes pela moderna psicanálise e, em síntese, são manifestações do inconsciente, chegando à consciência sob a forma de símbolos, coibidos que são pela autocensura. Os segundos são enfoques da consciência no plano astral, onde os Egos atuam livres da pesada vestimenta de carne.

Selene, naquele momento, tinha um sonho astral, ou melhor, encontrava-se no mundo astral. Logo que sua consciência foi enfocada nesse veículo, Selene, ligada ao seu corpo físico pelo cordão prateado, começou a ascender em subplanos. A diferença que existe entre a pessoa viva no mundo astral e o desencarnado é que a primeira conserva um fio prateado ligando este veículo ao corpo físico e o segundo não possui esse fio ou cordão prateado.

Selene, liberta do corpo físico, por sua recente entrada no reino hominal, dirigiu-se primeiro, direcionando seu foco consciente, para os elementais que ali têm seu habitat. Uma reunião de fadas da superfície foi invadida por ela, que intrometendo-se entre estes espíritos da natureza procurou manter um contato mais estreito. As fadas, sentindo as vibrações agora humanas de Selene, afastaram-se, desaparecendo. A moça, sem compreender a causa da repulsa, tentou estabelecer um equilíbrio entre seu estado de consciência e os elementais. Inútil, somente conseguiu visualizar algumas poucas formas vagas do astral. O impulso atávico a dirigiu para o reino dos silfos, mas o mesmo aconteceu. Tentou, confusa, as sílfides e, como não conseguisse manter um equilíbrio vibratório, capaz de manter contato com o reino elemental, Selene começou a receber os impactos das formas que criara quando existia como uma sílfide do éter. Foi bastante doloroso para ela, pois os quadros sucediam-se um a um diante dos seus olhos. Parecia não ter fim, mas quando a última cena terminou, Selene, com a rapidez do raio, foi atraída para o segundo subplano astral.

Um homem debatia-se, procurando afastar as sombras negras que se avolumavam a sua volta, sem resultado. Selene aproximou-se e uma infinita piedade tomou conta de todo o seu ser. As sombras negras afastaram-se um pouco e Selene pôde ver sua fisionomia. Era o professor Theodoro, olhos esbugalhados de pavor, procurando com as mãos afastar as nuvens negras que o sufocavam.

Nesse exato momento, Selene começou a ver em detalhes as cenas de todos os seus encontros com Theodoro quando era uma Sílfide, que nela se reconheceu através da lei de afinidade. Viu seu encontro com Rudgero, quando por artes mágicas ficou passiva à vontade do mago, a criação por ele de uma sílfide artificial e os detalhes do triste fim de Theodoro. Como um filme sonoro e a cores, estas cenas desfilaram em seus mínimos detalhes e quando terminaram, um sentimento de dor e frustração atingiu o corpo astral de Selene. Pouco a pouco seu Ego, ainda recente como individualidade, oscilou entre a afirmação e a negação. Uma luta se estabeleceu entre o aniquilamento e o instinto de conservação e quando atingiu o máximo de reverberação houve como que uma explosão. Seu corpo astral foi sacudido por vibrações antagônicas e com o dobro da velocidade da luz Selene voltou ao seu corpo físico, que estremeceu violentamente na cama, soltando um grito de pavor que ecoou pela casa inteira.

Ambrósio e Beatriz acordaram assustados e rápidos se dirigiram para o quarto da filha, que soluçando agarrou-se ao pescoço da mãe.

— Que foi, filhinha? — disse Beatriz afagando os cabelos de Selene. — Dorme, filha, dorme, foi um pesadelo de novo?

— Foi, mãe, que medo, pai — respondeu Selene, contendo o choro convulso.

Ambrósio, pálido, não disse nada. Sem saber por que, a figura de Rudgero, que agora já sabia quem era, veio nítida a sua mente.

— Dorme, filhinha — disse Beatriz, ajudando a filha a se deitar.

— Pai — disse estendendo a mão para Ambrósio — fica comigo. Deixa a luz acesa.

— Durma tranqüila, filha, papai vai ficar aqui ao seu lado — e Ambrósio sentou-se na beira da cama.

Não era a primeira vez que Selene tinha esses pesadelos. Eram constantes e sempre muito parecidos. A palavra pesadelo era para Ambrósio e Beatriz o termo certo, pois não podiam admitir que uma pessoa dormindo pudesse viajar pelo mundo astral. Selene era da mesma opinião, pelo menos nos momentos de maior lucidez.

Penalizados e preocupados com a filha, ficaram os dois ao seu lado, a luz do quarto acesa até de madrugada, quando então Selene dormiu novamente. Pé ante pé, pai e mãe saíram do quarto deixando a filha aparentemente bem.

— Quer Selene queira ou não, amanhã mesmo vou procurar um médico — disse Ambrósio para a mulher.

— De que adianta?

— Tem que adiantar, afinal precisamos fazer alguma coisa.

— E aquele homem horrível?

— Quem?

— Aquele, Ambrósio — e Beatriz amedrontada não queria dizer o nome — aquele que às vezes...

— Rudgero — interrompeu.

— Esse mesmo.

— Que tem ele?

— Depois de tudo que você e Carlos Augusto me contaram, precisamos impedir de qualquer maneira que ele volte à nossa casa.

— Será que esse homem é responsável pelo que acontece com nossa filha? — perguntou Ambrósio, mais para si mesmo.

— Não sei. Aquela história toda...

— Um pouco fantástica. Muito embora não queira pôr em dúvida a seriedade do professor Theodoro e meu futuro genro. Custo a crer que nossa filha possa ter alguma relação com essa... essa sílfide.

— E o nome, Ambrósio?

— Que tem o nome? — respondeu com outra pergunta.

— É o mesmo nome.

— Pode ser uma coincidência. É, tanto um nome como o outro podem não passar de uma dupla coincidência.

— Mas ela afirma nos seus momentos de... de nervoso... que se chama Cyrne — disse Beatriz, que não estava completamente convencida.

— Não acredito. Não pode ser! É fantástico demais! Fantástico ou não, o problema é que nossa filha está cada vez pior.

— Eu sei, Beatriz. Mas me diga, o que podemos fazer? Até seu noivo já conversou longamente com ela e não conseguiu nada. Diga-me!

— Ainda bem que ele tem uma paciência e bondade infinitas e entende o problema.

— Mas um dia ele cansa com tanta loucura.

— Loucura! Ambrósio, não fale uma coisa dessa, nossa filha não é louca, está apenas um pouco nervosa.

— Meu Deus, o que faremos? — perguntou desesperado.

— Não sei, talvez, quem sabe, consultar um padre.

— Um padre? Você acha que um padre pode resolver o problema de nossa filha?

— Não sei, nunca se sabe, mas você deve convir que é uma tentativa.

— Tenho outra idéia melhor.

— Qual?

— Vou falar com Carlos Augusto e pedir encarecidamente a presença daquele seu amigo que esteve aqui, o Doutor Ângelo Lacerda.

— Será que ele poderá fazer alguma coisa?

— Talvez possa. Ele entende muito mais do que nós desses assuntos. Quem sabe Carlos Augusto não mostrou para ele o tal diário do professor?

— Deve ter mostrado, os dois são amigos íntimos.

— E então, Beatriz, se mostrou ele deve estar a par do problema todo.

— E o que ele poderá fazer?

— Não sei, Beatriz, alguma coisa irá fazer. Não podemos é ficar de braços cruzados enquanto Selene piora.

— Ainda acho que um padre seria o ideal.

— Padre Bento já está muito velho. Dizem até que meio caduco.

— Não me referia a padre Bento, mas ao novo padre que veio substituí-lo. Ouvi dizer que é um homem muito bom e muito sábio. Quem me falou a respeito dele foi a esposa do prefeito.

— Não sabia que padre Bento estava para ir embora.

— Está muito cansado, coitado.

— Você conhece esse padre que chegou?

— Já o vi uma ou duas vezes na reunião da casa paroquial.

— E o que você achou?

— E simpático.

— Não me refiro a simpatia. Que soube a respeito de sua conduta, seus conhecimentos?

— Todos que o conhecem fazem as melhores referências.

— Será que é a solução para Selene? Ela sempre foi muita arredia a igrejas e padres.

— Não custa tentar.

— Qual é o nome dele?

— Francisco... padre Francisco Moncey. É, acho que é Moncey — disse Beatriz, com um fio de esperança nos olhos.

— Amanhã mesmo vou falar com ele — e Ambrósio, abraçando a mulher, passou pelo quarto da filha, que agora dormia tranqüilamente.

No dia seguinte, logo pela manhã, quando ainda tomavam o desjejum, a empregada anunciou que um padre estava na sala de visitas, querendo falar com os donos da casa. Ambrósio estremeceu e Beatriz, ansiosa, soergueu-se na cadeira.

— Ele disse quem era, menina? — perguntou Beatriz para a empregada.

— Padre Francisco — respondeu, enquanto Ambrósio deixava cair os talheres em cima do prato, como se uma força de repente os tivesse tirado de suas mãos trêmulas.

Capítulo 10

Há duas semanas que o Doutor Ângelo Lacerda tinha a impressão nítida de que alguém procurava se comunicar com ele. Nestes dias, por três ou quatro vezes visualizou muito rapidamente o homem de branco, que desde sua infância costumava ver. Porém, não passou disso, ficando apenas a impressão de que alguma coisa estava para acontecer, ou então, que aquele que ele chamava de homem de branco queria lhe dizer algo, que não conseguia ouvir.

Depois que Ângelo voltara de Cantagalo, trouxera consigo, emprestado por Carlos Augusto, com a aquiescência de Ricardo Bonina, o diário do professor Theodoro. Queria estudar cuidadosamente seu conteúdo, pois tinha impressão de que havia uma ligação, para ele ainda inexplicável, da sílfide com a noiva do seu amigo. Esta impressão, quanto mais lia e relia o diário, se transformava em certeza, acrescida dos fatos narrados por Carlos Augusto e pelo próprio Doutor Ambrósio. Não sabia, porém, que caminho tomar, nem tampouco o que devia ou podia fazer para ajudar.

Quando, depois de ler mais uma vez o diário, Ângelo se dispunha a sair do consultório e ir para casa, pois já terminara o horário de consulta, sua secretária avisou que havia um padre esperando na sala de espera.

— Mande entrar — disse Ângelo, conformado em deixar

para mais tarde o jantar, que já o devia estar esperando em sua residência.

O Irmão T..., ocupando o corpo do padre Francisco, entrou, apresentando-se.

— Padre Francisco Moncey, Doutor.

— Muito prazer. Mas sente-se, por favor — disse indicando a poltrona ao lado da mesa. — Alguma consulta médica ou assunto pessoal? — perguntou, intrigado com aquela inusitada visita.

O outro, fisionomia serena, não parecia ter pressa. Deu um sorriso encarando o médico, custando um pouco para responder.

— Nem consulta, nem assunto pessoal — disse afinal.

— Então...

— Represento o Irmão T... Um adepto da Grande Confraria Branca.

Ângelo ficou sem saber o que dizer. O nome daquele Adepto não significava nada para ele e também jamais ouvira esse nome.

— Quem, padre?

— O Irmão T...

— Desculpe, senhor, mas quem é o Irmão T... e que poderá um ser tão elevado querer comigo, ínfimo mortal?

Havia sinceridade e respeito na pergunta de Ângelo. O Irmão T... sentiu isso, pois logo em voz suave respondeu:

— O Irmão T..., meu filho, — disse abandonando o tratamento de Doutor — é o homem de branco que você vê desde criança.

Como um raio que o tivesse atingido, Ângelo empalideceu, uma emoção violenta tomou conta de seu coração. Lágrimas vieram aos seus olhos e foi muito emocionado que se dirigiu ao padre, que atento observava sua reação.

— Senhor, não mereço tanta honra. Sou apenas um aprendiz de médium, tendo como diretriz o serviço aos meus semelhantes.

Foi com um sorriso radioso que o Irmão T... respondeu:

— Todos aqueles que servem serão servidos.

Ângelo, sensitivo, sentiu imediatamente as altas e puras vibrações do Irmão T... revestido pelo corpo físico do padre Francisco. Curvou a cabeça em sinal de humildade, dizendo:

— Sou imensamente feliz e gratificado por sua presença. Minha alma se inunda de paz e de luz, ante um enviado do grande Mestre. Que eu possa ser sempre manso e misericordioso para merecer as bênçãos de tão elevadas vibrações. Padre, peço que me perdoe por tanta curiosidade, mas é de grande importância para mim. O Irmão T... é o meu Mestre?

— Sim, meu filho — foi a pronta resposta — porém, nesta vida você não poderá ser Iniciado por ele.

— Por quê?

— Porque você ainda é médium e a mediunidade é incompatível com a Iniciação.

— Sempre pensei que mediunidade e Iniciação fossem coisas correlatas.

— Não, meu filho, não são. Quando o médium esgota esse carma, essa provação, através do serviço desinteressado ao seu próximo, extermina as causas que produziram como efeito o mediunismo; então, na próxima vida, livre desse estigma, poderá aspirar às primeiras Iniciações com seu Mestre. O Irmão T... desde sua tenra infância prepara nesta sua passagem pelo plano físico sua vida futura, esperando que com o aprendizado mediúnico você possa ser seu discípulo.

— Que eu possa cumprir bem a minha missão — disse Ângelo — transformando mau carma em bom carma.

O médico esqueceu completamente a hora avançada e o jantar e embevecido continuou a conversa.

— Posso fazer mais uma pergunta?

— Pode, meu filho.

— O senhor é discípulo do Irmão T...?

— Digamos que eu seja um discípulo aceito.

— O que é um discípulo aceito?

— O discípulo quando entra em primeiro contato com o Mestre é chamado de discípulo em provação, depois passa a ser discípulo aceito e finalmente filho do Mestre.

— Quer dizer que o senhor está em permanente contato com o Mestre?

— De certa forma, estou.

— E estes três graus, ou melhor, estes três contatos entre Mestre e discípulos, como são realmente?

— O Mestre, na primeira etapa de sua relação com o discípulo, constrói uma imagem viva dele, modelando com matéria mental, astral e etérica uma representação exata, conservando essa imagem sempre ao seu alcance para poder observá-la. Essa imagem é conectada com o discípulo, para que toda modificação de pensamentos ou sentimentos observada nos veículos do discípulo se reproduza na imagem criada. Assim, o Mestre pode ver a qualquer momento o progresso espiritual do seu discípulo.

— E no caso do discípulo aceito?

— Quando o discípulo é aceito, o Mestre dissolve esta imagem viva por não ser mais necessária, porque a consciência do discípulo está unida à do Mestre. A terceira etapa da relação Mestre e discípulo é tão estreita, tão íntima, que não só a mente inferior está em contato com o Mestre, como também o Ego no corpo causal do discípulo está envolto no do Mestre, por este motivo esta terceira etapa de relacionamento é denominada de filho do Mestre.

— Padre, perdoe minha curiosidade sem limites, mas para que sirva ao meu aprimoramento espiritual, quais são os requisitos necessários para um primeiro contato com o Mestre?

— Além das condições essenciais, que são os dotes morais e o desejo desinteressado em servir, existem sete condições básicas para que o aspirante comece a pressentir a presença do Mestre. São elas — e o Irmão T... enumerou-as — 1. Diferença entre o real e o irreal, desapego; 2. Domínio sobre o pensamento; 3. Domínio sobre a ação, tolerância; 4. Paciência; 5. Fé; 6. Equilíbrio; 7. Desejo de libertação.

O Irmão T... ao acabar de falar fez um gesto, pelo qual Ângelo de imediato compreendeu estar sendo abençoado. Contrito, como se fizesse uma prece, o médico aguardou silencioso.

— Você, meu filho, está muito preocupado com seu amigo Carlos Augusto — disse o Irmão T... depois de alguns momentos de silêncio. — Não sabe que caminho tomar, nem o que fazer.

— Estou muito preocupado, Mestre — e Ângelo, intuindo que o outro era um ser altamente evoluído, passou a tratar o padre com esta deferência.

— Desejo... isto é, o Irmão T... deseja que você vá, assim que possa, para Cantagalo.

— Irei sem demora.

— Não existe assim tanta pressa. Organize seus negócios, suas consultas médicas e então, vendo suas disponibilidades, procure seu amigo.

— Assim que puder irei. Carlos Augusto precisa de mim e não gostaria de falhar neste momento.

— Tenho certeza de que não irá falhar nesta missão.

— Poderia saber, Mestre, como devo agir?

— No momento é importante que saiba que quatro inocentes estão envolvidos numa trama diabólica.

— Uma trama diabólica?

— Sim, meu filho, trabalhos perigosíssimos de magia

negra. Porém, no presente momento isto não é o mais importante. Como já disse, o que importa é salvar estes inocentes.

— Meu amigo Carlos Augusto é um desses inocentes?

— Sim, meu filho.

— E os outros? Seria impróprio perguntar?

— Os outros três são Selene, Ambrósio e o próprio Theodoro, no momento no mundo astral.

— Não seria eu também um outro inocente?

— De fato, meu filho, pois quando você abriu o véu que ocultava o perigo que corria seu amigo ficou também enredado nessa trama dos magos negros.

— Queria que o senhor me fornecesse todas as indicações de como devo proceder em Cantagalo.

— Você terá, através da via mediúnica, todas as indicações possíveis de como deve proceder. Masteros, agora liberto, entrará em contato no Centro Espírita.

— Ah! Sei! Aquela entidade que tempos atrás foi doutrinada por minha mãe.

— Essa mesmo. Mas não fique receoso, pois eu pessoalmente lhe darei todo auxílio necessário.

— O senhor pertence àquela diocese?

— Ainda não, mas serei transferido logo após este nosso encontro.

— Assim será bem mais fácil — disse Ângelo, que bebia, interessadíssimo, todas as palavras do sacerdote.

Nem por um momento Ângelo desconfiou que falava com o próprio Irmão T... e assim, desinibido mas respeitoso, mantinha o diálogo com naturalidade.

— Creio que daqui a dois dias posso partir para Cantagalo. Vou dispor as coisas de maneira que possa ter umas duas semanas desimpedido dos afazeres profissionais.

— Não parta já. É preciso que por duas semanas no mínimo você ainda permaneça aqui. Não falte em hipótese alguma às sessões do Centro Espírita, pois lá Masteros irá se comunicar e você poderá então encetar sua viagem munido de todos os detalhes de sua ação. Também me dará tempo de o estar esperando em Cantagalo.

— Farei como o senhor determina — disse Ângelo.

— Ótimo! Temos desde já um encontro marcado nessa cidade.

— Sua bênção, padre Francisco.

— Que as bênçãos dos Mestres iluminem sua alma. Paz a todos os seres! — disse o Irmão T... unindo as palmas das mãos em frente ao peito.

O Irmão T... deixou o corpo do padre Francisco e com a rapidez do relâmpago chegou ao Tibet, retomando seu próprio corpo físico. Dedicou-se algumas horas aos trabalhos concernentes à Grande Confraria Branca e outros de supervisão no Lamastério, que de tempos em tempos habitava, saindo em seguida em corpo mental. Tinha uma importante tarefa a executar.

Masteros já há algum tempo situava-se no mundo mental concreto, desfrutando ali da companhia de vários instrutores que o orientavam, realizando todas as suas altas aspirações.

O mundo mental concreto, que os orientais chamam de devachan, o céu dos cristãos, é um estado de consciência em que o Ego pode realizar seus mais nobres sentimentos. O Ego, nesse plano, está totalmente liberto das atrações terrenas, tendo seu mundo próprio que contém tudo aquilo que deseja, incluindo também todos os seus entes queridos. Uma característica muito interessante deste plano é o entrelace de Kâma-Manas, sendo Kâma o desejo e Manas a mente. Este entrelace é tão profundo, tão íntimo, que algumas escolas orientais reduzem o plano mental concreto e o astral a apenas um, o chamado binário Kâma-Manas. Para que ainda fique mais clara nossa narrativa, o corpo mental é o veículo por meio do qual o Ego Superior se manifesta expressando-se como intelecto. A mente é apenas o aspecto cognoscitivo do Ego Superior como conhecedor e a isso se chama o Ego Superior atuando no corpo mental. Esta é a diferença fundamental entre o Ego Superior e a mente concreta.

Se no mundo astral os seres conservam o mesmo aspecto corpóreo que tinham quando vivos, no mundo mental podem ser visualizados como uma densa neblina com a forma física anterior, rodeada por um ovóide de neblina mais fina. Por esta razão, uma pessoa no mundo mental pode ser reconhecida tão prontamente como no mundo físico.

O Irmão T... observou por alguns minutos o comportamento de Masteros e vendo que ele estava no caminho certo de sua evolução, enfocou sua consciência no primeiro subplano astral. Neste último e mais elevado subplano, o Irmão T... se dirigiu para a Sombra ali deixada por Masteros. Quando ocorre a morte física, é óbvio, o Ego deixa neste plano um cadáver físico que se decompõe. No mundo astral, como já vimos anteriormente, ocorre o mesmo fenômeno, o cadáver astral, quando o Ego se transfere para o mundo mental concreto. Este cadáver astral tem o nome de Sombra e é idêntico ao Ego que o desocupou, tendo aderidas a ele grandes quantidades de matéria mental. A Sombra na sua última etapa de desintegração é chamada de Cascão, não tendo mais nenhuma quantidade de matéria mental.

O Irmão T... vivificou esta Sombra de Masteros e depois de impregná-la com suas vibrações a encaminhou para o Centro Espírita que Dona Carmem dirigia e Ângelo freqüentava. Esta Sombra passou a ter, depois de trabalhada pelo Irmão T... a mesma forma exterior e as mesmas qualidades mentais e intelectuais de Masteros. Esta imantação e vivificação de uma

Sombra que passará a atuar nos planos inferiores, inclusive transmitindo mensagens através de um médium, é o que se denomina de artificial humano.

Este processo de criação de um artificial humano foi feito com a finalidade de liberar os guias e protetores, para que estes pudessem fazer sua evolução natural em planos superiores, não ficando, às vezes, por longos períodos de tempo, sujeitos a planos inferiores, no trabalho de suas comunicações espiritistas. A Sombra, assim, ocupava o lugar dos guias e protetores, se comunicando com os médiuns, que eram incapazes de perceber a troca.

A Sombra de Masteros, tão logo foi vivificada pelo Irmão T..., começou o seu trabalho no Centro Espírita Doutor Bezerra de Menezes.

Capítulo 11

— Padre Francisco Moncey — disse, apresentando-se, tão logo Ambrósio e Beatriz entraram na sala de visitas.

— Ambrósio e esta é minha mulher Beatriz — e o dono da casa, ainda intrigado com a presença do prelado, indicou com um gesto de cabeça sua esposa. — Mas sente-se, por favor — conseguiu dizer Ambrósio. — A que devemos esta visita?

— Sua filha Selene — disse o padre, indo direto ao assunto.

Beatriz mexeu-se inquieta na sua poltrona e Ambrósio ficou mudo de espanto momentaneamente.

— Não me perguntem como sei — continuou Francisco indiferente ao impacto que suas primeiras palavras causaram nos dois — o fato é que sei do grande problema que os aflige. Sei também de todas as ocorrências, digamos... inexplicáveis, desde o seu nascimento até os dias de hoje.

O prelado parecia saber de tudo. De que forma ou de que maneira, Ambrósio e Beatriz ignoravam, mas havia tanta confiança e certeza nas palavras do padre, e dele emanava uma tal aura de bondade e tranqüilidade, que os dois, rendidos por estes predicados, apenas se entreolharam e como se houvesse um tácito acordo mudo resolveram abrir seus corações.

— Padre Francisco, eu e minha mulher agradecemos muito sua presença nesta casa. Nós já havíamos combinado ir procurar o senhor.

— Talvez... Talvez eu tenha sentido em minhas orações o apelo de um pai e uma mãe aflitos.

— Que Deus o abençoe, padre! Mas, pelo amor de Deus, o senhor pode fazer alguma coisa por nossa filha? — perguntou Beatriz, os olhos cheios de lágrimas.

— Posso — foi a lacônica resposta de Francisco.

— É necessário pô-lo a par de tudo que tem acontecido com Selene — disse Ambrósio, agora mais confiante.

— Não é preciso, meu filho, eu sei de tudo que aconteceu e vem acontecendo. Sou capaz de citar os mínimos detalhes.

Ambrósio e Beatriz deram-se as mãos, como se este gesto pudesse lhes dar a segurança de que precisavam.

— Inicialmente — continuou o padre — temos que tomar duas medidas...

— Tudo que quiser, Padre — disse Beatriz, interrompendo.

— Tudo que precisar — repetiu Ambrósio.

— Antes de vir, passei pelo escritório do juiz Carlos Augusto — disse o prelado.

Falou com clc?

— Falei. Disse-lhe tudo que sabia e que pretendia fazer, é claro, com a aquiescência dos senhores...

— Tudo aquilo que for para o bem de Selene, é claro que estamos de acordo — disseram quase a uma voz Ambrósio e Beatriz.

— Nossa primeira providência é interceptar a ação do mago Rudgero e...

— O senhor conhece esse homem? — Interrompeu Ambrósio, com outra pergunta.

Padre Francisco sorriu. Um sorriso encorajador dirigido a Beatriz, que só de ouvir este nome havia ficado muito pálida.

— Não se preocupem — disse. — Este homem fica aos meus cuidados, ou melhor, já está sob os meus cuidados.

— Graças a Deus! — desabafou Beatriz, enxugando com um lenço os olhos úmidos.

— Parece que ele é um homem perigoso — disse Ambrósio ainda preocupado.

— Jamais, meus filhos, o mal pôde vencer o bem — e o padre acalmou os dois com estas palavras, ditas de maneira decisiva.

— O senhor, padre, leu o diário do professor Theodoro? — perguntou Ambrósio.

— Li, meu filho.

— Carlos Augusto lhe deu para ler?

— Não.

— Então...

— Não importa agora, conheço perfeitamente todo o teor do diário.

Beatriz, inquieta na poltrona, olhou para Ambrósio, sem entender a resposta do padre. Seu marido, também não entendendo como o prelado havia tomado conhecimento do diário, olhou espantado para Francisco, que muito tranqüilo parecia não se importar nem um pouco com a atitude de assombro dos dois. Calmo, prosseguiu:

— Como dizia, meus filhos, interceptado e anulado Rudgero, a segunda providência é ver Selene. Posso vê-la agora?

O sacerdote era bastante diretivo nas suas perguntas e meio lacônico nos assuntos que abordava.

— Pode, padre — respondeu Ambrósio — porém temo que ela, no estado em que se encontra, não queira vê-lo.

— Ela vai querer — e o padre mais uma vez fez uma afirmação categórica, como se já soubesse o resultado de sua afirmação.

— Vá buscá-la, Beatriz!

Pouco depois, Selene entrava na sala de visitas acompanhada da mãe. A moça estava calma, num daqueles momentos em que era dócil e carinhosa. Tímida, tomou a bênção do padre, que sorridente fez o sinal-da-cruz sobre sua cabeça.

— Vim para conhecê-la — disse Francisco. — Já que você não vai a minha igreja — ralhou brincalhão. — Vejo que é muito mais bonita do que a descrição que Carlos Augusto me fez.

— O senhor esteve com meu noivo?

— Estive. Vocês vão formar um casal muito bonito.

— Obrigada — disse Selene abaixando os olhos, enquanto Beatriz e Ambrósio, pasmos com a atitude calma e serena da filha, agradeciam intimamente a presença daquele padre, que já consideravam santo.

Padre Francisco, gestos comedidos, enquanto falava algumas trivialidades com a moça, de repente, com a ponta dos dedos, tocou o seu chacra frontal. Selene estremeceu e ficou estática, sem mexer um músculo sequer. Seus pais levantaram-se aflitos, mas voltaram a se sentar, impedidos por um gesto do sacerdote. Francisco ajudou Selene a deitar no sofá; a moça dava a impressão de que dormia serenamente. O padre então, sempre muito tranqüilo, denotando porém decisão no que fazia, tomou da mão direita de Selene e delicadamente retirou do seu dedo o anel dado por Rudgero.

— Eu vou levar este anel comigo — disse, colocando-o no bolso da calça, sob a batina branca.

— Ela está dormindo? — perguntou Beatriz um pouco assustada, acompanhada pela mesma indagação muda, feita pelos olhos arregalados do seu marido.

Não fizeram nenhuma alusão a respeito do anel, aliviados por ver a filha livre daquela jóia, que depois de conhecerem toda a história do diário achavam ser uma das causas do sofrimento de Selene.

— Digamos que está descansando — respondeu o prelado

tranqüilizando-os. — Quando despertar daqui a alguns minutos, vai ficar por pouco tempo um tanto aérea. Não se preocupem, este estado irá durar, posso afirmar, apenas alguns minutos. Logo depois, estará calma e propensa a aceitar qualquer sugestão que vocês queiram lhe fazer.

— O senhor acha, padre, que devemos levá-la a um médico? — perguntou Ambrósio.

— Creio que não será necessário.

— Tem certeza, padre? — insistiu Ambrósio.

— Absoluta.

— Eu também tenho absoluta certeza de que minha filhinha vai ficar boa — disse Beatriz emocionada.

— O senhor virá novamente vê-la? — perguntou Ambrósio.

— Amanhã pela manhã. À mesma hora, se for conveniente para vocês.

— A hora que o senhor quiser, padre — disse Ambrósio, agora confiante.

— Como podemos lhe agradecer? — perguntou Beatriz.

— Já fui agradecido mais do que o suficiente — respondeu padre Francisco, com palavras enigmáticas.

— Se Deus quiser, agora temos plena certeza de que nossa filha vai ficar curada — disse Ambrósio, olhando com ternura para a filha, que dormia serena no sofá.

— E Deus sempre quer — respondeu o sacerdote despedindo-se.

Ângelo, cumprindo o que prometera ao padre Francisco, sem sequer desconfiar que fosse o próprio Irmão T... por duas semanas inteiras não faltou um dia às sessões do Centro Espírita. Munido de todas as informações dadas pela Sombra de Masteros, ao final da segunda semana partiu para Cantagalo, disposto a permanecer o tempo que fosse preciso.

O juiz Carlos Augusto, muito preocupado com o estado de

saúde de sua noiva, que via dia a dia piorar, estava na sua sala no Fórum, procurando despachar os processos o mais rápido possível, para ir para a casa de Selene.

— Posso entrar, Meritíssimo? — perguntou Ângelo, abrindo a porta e botando a cabeça para dentro da sala.

— Ângelo! Que bom que você está aqui! — e Carlos Augusto largou o que estava fazendo para abraçar o amigo. — Vejo que vai ficar alguns dias — disse, olhando para a mala que o outro carregava.

— O tempo que for preciso — e Ângelo sem cerimônia sentou-se na poltrona ao lado da mesa do juiz. — Como vai Selene? — perguntou, entrando sem mais delongas no assunto que o preocupava.

— Mal, meu amigo, cada vez pior.

— Enquanto há fé existe esperança.

— Fé eu tenho bastante, mas quanto a esperança...

— Não se preocupe, eu trouxe informações preciosas. Informações que irão nos ajudar bastante.

— Conte-me tudo — e Carlos Augusto saiu de trás da mesa indo sentar-se no braço da poltrona ocupada por Ângelo.

— Uma coisa de cada vez, Carlinhos. Você conhece o padre Francisco Moncey?

— Conheço, por quê?

— Ele esteve comigo no Rio e conversamos por longo tempo.

— Que interessante! Ele esteve hoje de manhã comigo. Disse-me que ia ajudar Selene. Não sei dizer com certeza, Ângelo, mas inspirou-me muita confiança.

— Ele está servindo aqui na paróquia?

— Está.

— Quando esteve comigo, me disse que viria para Cantagalo.

— Estas informações preciosas que você me traz, foram dadas por ele?

— Não, Carlinhos, foram dadas por Masteros.

— Lá no Centro?

— No Centro.

— E este padre, que foi que disse quando você esteve com ele?

— Orientou-me quanto a Masteros e pediu-me que viesse vê-lo.

— Quem é afinal esse padre, que pelo que conversamos hoje parece saber de tudo?

— É um discípulo.

— Discípulo?

— Sim, Carlinhos, discípulo de um grande Mestre da Confraria Branca, o Irmão T...

— Então, Ângelo, começo a ter esperanças, começo a ter certeza de que ele poderá fazer muito por Selene.

— Eu também.

— Mas me conte com detalhes as informações que recebeu de Masteros.

Ângelo contou para o amigo o que havia acontecido nas sessões do Centro Doutor Bezerra de Menezes e quando terminou, Carlos Augusto, mais confiante, perguntou para o outro:

— Masteros só indicou passes magnéticos?

— Não, Carlinhos, esses passes devem ser dados com cores específicas. Tratamento pela cromoterapia.

— Cromoterapia? Nunca ouvi falar nesse tratamento.

— Esse tratamento, segundo soube, já é praticado em várias partes do mundo. Consiste em enviar para cada região do corpo físico, junto com o passe magnético, uma cor determinada. Fui informado que para o sistema nervoso se usa a cor rosa, para a região do estômago a cor verde, para a região torácica a cor amarela, para a garganta a cor violeta e para a cabeça, na sua parte frontal, a cor azul.

— E estas cores agem de que maneira?

— Você sabe o que é prana?

— Nunca ouvi falar.

— Prana é energia vital — disse Ângelo — uma força solar liberta na natureza e ao alcance de todos. Prana pode ser canalizado, orientado para qualquer região do corpo, através do passe magnético, procedimento que qualquer pessoa pode executar, pois trata-se de transferência energética feita pelas mãos. Esta energia pode ser distribuída para cada uma das regiões do corpo, obedecendo as correntes de cores que os chacras, centros de força, enviam para cada parte do organismo.

— Começo a entender melhor.

— A energia vital, ou melhor, os glóbulos de vitalidade emanados do Sol, é recebida pelo chacra do centro do baço, aí decomposta e arrastada por forças secundárias em várias correntes de cores que se dirigem para específicas regiões do corpo. Porém, Carlinhos, estes chacras não estão situados no corpo físico denso, mas na contraparte que chamamos de corpo etérico.

— Então, Ângelo, estas cores específicas, além de higienizar as partes do corpo para onde foram endereçadas, ainda equilibram o funcionamento dos chacras?

— Exatamente. Se conseguirmos equilibrar estes centros de força de Selene, ela irá sem dúvida melhorar bastante.

— Vamos então começar o mais depressa possível as sessões de passes magnéticos — disse Carlos Augusto entusiasmado.

— Tão logo receba ordens do meu Mentor Espiritual vou começar a agir.

— Que Deus o abençoe, Ângelo. Começa a renascer em mim uma esperança que já estava perdida.

— Só tem um pequeno problema, aliás dois problemas.

— Quais?

— Primeiro precisamos saber se o Doutor Ambrósio e

Dona Beatriz concordam e segundo, se Selene também não faz objeção.

— Eu falo com Selene a respeito dos passes. Pode deixar, ela sempre concorda com tudo que lhe digo. Sempre me escutou muito e além disso tem uma confiança ilimitada em mim.

— E o Doutor Ambrósio?

— Padre Francisco me disse hoje pela manhã que teria uma longa conversa com os dois.

Ângelo e Carlos Augusto já se preparavam para sair do Fórum, quando o secretário do juiz abriu a porta anunciando que um senhor se encontrava na ante-sala, querendo uma audiência urgente.

— Quem é? — perguntou Carlos Augusto. — Disse o seu nome?

— Sim, Meritíssimo, o senhor Rudgero.

Capítulo 12

Rudgero, rangendo os dentes de ódio reprimido, andava de um lado para outro, qual fera enjaulada, no seu laboratório alquímico. Via que dia a dia suas vítimas escapavam do seu controle e a vingança terrível que pretendia ficava cada vez mais difícil. Seus superiores, o mago Kalykási e o Barão Ratzinger, tinham outros planos, pois desejavam para a trama diabólica um desfecho futuro, enquanto ele, Rudgero, queria a todo custo um resultado imediato.

O mago, além de não concordar com seus superiores, começava a desobedecer as ordens recebidas. Primeiro, em vez de permanecer o maior tempo possível no mundo astral, atuava de forma direta praticando suas magias negativas no mundo físico e, segundo, agia neste plano querendo obter resultados imediatos. Por duas vezes o Barão o visitou em corpo astral e o advertiu de forma rigorosa e áspera. De pouco adiantou. Rudgero, obcecado pela sua vingança, continuou desrespeitando as severas ordens recebidas.

Nesse dia, Rudgero, depois de alimentar com suas mentalizações os três artificiais que usava para suas incursões no mundo astral, endereçando-as durante o sono físico de Selene e do juiz Carlos Augusto, começou a se preparar para sair, deixando acesa a trípode contendo ervas malcheirosas, apropriadas às vibrações dos artificiais.

— Uma visitinha ao senhor juiz, para que ele conheça minha força e amedrontado possa ficar mais passivo à minha vontade — disse, entredentes, afirmação que foi acompanhada por uma imprecação em voz alta.

O mago Rudgero sabia que com o temor sempre se consegue modificar a vibração daquele que se pretende atingir. Toda e qualquer magia é baseada na dinâmica do pensamento. Pensamento positivo atrai pensamento positivo e negativo atrai negativo. Porém, um pensamento negativo não é atraído por um pensamento positivo e vice-versa. Conhecendo muito bem esta dinâmica, Rudgero pretendia com sua visita amedrontar o juiz, mudando desta maneira pelo temor sua vibração, que ficaria na mesma gama, no mesmo comprimento de onda das vibrações maléficas, que ele faria atuar através da trípode imantada, que mantinha vibrando na energia dos artificiais que ele comandava.

Confiante no êxito de sua missão, trajando um elegante terno cinza que vestira, em troca de sua habitual bata azulada, Rudgero entrou no gabinete do juiz.

— Max Rudgero — apresentou-se, estendendo a mão que Carlos Augusto não tomou entre as suas.

Rudgero ignorou este detalhe e sem ser convidado sentou-se na poltrona que Ângelo ocupara. O médico e o juiz permaneceram de pé, esperando. Não disseram uma palavra, mas pela atitude dos dois ficava evidente que a presença do mago não era desejada. Rudgero pareceu não se importar com a animosidade, pois falando pausadamente disse:

— Desejava falar em particular com o senhor — e olhou para Ângelo, que sustentou seu olhar.

— Fale, senhor. Não tenho segredos para ocultar ao meu amigo, Doutor Ângelo Lacerda.

Um olhar de ódio foi endereçado ao médico, que mais uma vez sustentou aquele olhar.

— Mas...

Foi interrompido pelo juiz.

— O assunto é oficial ou particular? — E não esperando resposta continuou: — Se é particular, senhor Rudgero, nada temos para conversar.

O outro não se deu por achado. Com um sorriso nos lábios finos, respondeu com toda a calma:

— Meritíssimo, é um assunto de seu interesse. Que diz respeito somente ao senhor — e olhou novamente para o médico, dando a entender com estas palavras que ficava claro que desejava ficar sozinho com Carlos Augusto.

— Não saia, Ângelo! Não tenho absolutamente nada para conversar com este senhor — disse sentando-se atrás de sua mesa. — Passe bem, senhor Rudgero.

Rudgero não se abalou nem um pouco. Continuou sentado, como se não tivesse ouvido as palavras do juiz.

— O senhor Meritíssimo labora em um grande erro em não querer escutar o que tenho para lhe dizer, ou melhor, para lhe propor.

— Já disse e vou repetir, senhor Rudgero, pela última vez, não temos nada para falar e eu muito menos para ouvi-lo.

As palavras do juiz foram incisivas, cortantes e num tom de voz alterado. Significavam claramente que aquela entrevista indesejada estava terminada. Rudgero fez menção de se levantar, mas depois sentou-se novamente e ignorando as palavras ásperas de Carlos Augusto fez uma ameaça.

— Cuidado, Meritíssimo! Não sou homem que possa ser desfeiteado!

O juiz levantou-se como que impulsionado por uma mola. Ia dizer alguma coisa, mas engoliu em seco, vermelho de raiva. Quem falou foi Ângelo, que até então permanecera calado.

— Juiz, vamos ouvir o que o senhor Rudgero tem para dizer.

O mago deu um rápido sorriso de júbilo, sentindo que já começava a dominar a situação, ou por medo ou talvez pela curiosidade dos dois. Já se preparava para falar quando foi interrompido. A porta do gabinete abriu-se de repente e padre Francisco entrou, dirigindo-se sem preâmbulos ao mago.

— Rudgero — disse em voz autoritária e que não admitia réplicas — você não tem nada para dizer ao juiz e muito menos que estar aqui importunando.

O mago levantou-se e ficou cara a cara com o prelado. Quis dizer alguma coisa, mas acabou engolindo as próprias palavras, pois viu com os olhos do espírito a aura luminosa do padre, que o cegou momentaneamente. Baixou os olhos e curvando a cabeça recuou como se tivesse sido empurrado para trás. Quase tropeçando nos próprios pés, virou-se em direção à porta procurando sair.

— Quando chegar naquele antro, que você chama de laboratório, acenda de novo a trípode de suas magias, pois acho que não foi acesa direito — disse padre Francisco com um sorriso nos lábios.

Rudgero não respondeu e de cabeça baixa retirou-se da sala do juiz.

No seu elegante e luxuoso apartamento na Avenida Foch, em Paris, o Barão Ratzinger esperava no salão de estar um visitante. Havia tomado as providências necessárias para que não fosse incomodado; por esta razão, tinha dispensado seus inúmeros empregados.

Podiam ser nove horas da noite e o Barão, trajando um finíssimo robe de seda, esperava fumando seu charuto havana preferido, especialmente fabricado para ele, soltando pequenos anéis de fumaça e vendo, absorto, desaparecerem no ar.

Um ruído à sua direita chamou sua atenção e quase em

seguida a campainha da porta soou, dando entrada no salão o convidado esperado desde o começo da noite.

— Arre! Que cidade! — Exclamou Kalykási à guisa de cumprimento. — Esta metrópole, que alguns chamam de cidade-luz, ainda conserva o ranço aristocrático do século passado — e olhou para o Barão Ratzinger, reprovando.

— Como vai, Mestre, fez boa viagem? — perguntou o Barão, convidando seu chefe a sentar-se ao seu lado, ignorando a observação pouco elogiosa a ele e à cidade de Paris.

— Fiz, muito embora prefira viajar em corpo astral. É muito mais cômodo, além de ser mais econômico — e riu.

Kalykási vestia-se à ocidental. Um terno bem talhado verde-petróleo e se não fosse por seus olhos amendoados e o gorro negro que cobria sua cabeça, poderia perfeitamente passar por um turista europeu em férias.

— Essa estopada toda de uma viagem a Paris em corpo físico — continuou Kalykási — fica por conta dos interesses monetários, sacrifício que tenho que fazer algumas vezes, visitando meus banqueiros franceses.

— Então foi um sacrifício compensador. Valeu o incômodo.

— Você vive muito bem — disse o outro desviando-se do assunto — em um apartamento bastante luxuoso, com todo o conforto que o dinheiro pode comprar — e Kalykási olhou em várias direções, examinando os detalhes do grande salão. — Bem melhor que minha cela no Tibet.

— Foi opção sua, Mestre.

— E talvez não tenha sido a melhor opção, mas enfim... Cada um vive como acha melhor.

— Volta amanhã para o Himalaia? — perguntou o Barão, depois de alguns instantes de silêncio.

— Volto. Já resolvi todos os problemas materiais e você sabe, não gosto nem um pouco desta cidade.

O outro não deu sua opinião, não gostava de discutir. Se Kalykási preferia viver isolado no teto do mundo, ele preferia, quando estava em corpo físico, o conforto e as comodidades de uma moradia luxuosa.

Kalykási, depois de examinar detidamente um caríssimo vaso chinês ao seu lado, que datava da época da dinastia Ming, retomou o diálogo.

— Você continua apreciando as coisas finas — e indicou com um gesto o vaso chinês numa mesinha ao seu lado. — Mas deixemos de frivolidades e vamos aos nossos negócios. Estou seriamente preocupado com a situação.

— Eu também, Mestre; porém, não quis tomar nenhuma atitude antes de ouvi-lo.

— Fez muito bem.

— Qual o problema que o senhor quer discutir primeiro?

— Seu discípulo.

— Rudgero?

— Esse mesmo.

— Que vamos fazer?

— A primeira regra que um discípulo deve conhecer é a obediência e Rudgero tem se esquecido disso.

— Concordo.

— Não seguiu nenhuma de nossas instruções. Tem permanecido em corpo físico, veículo que devia usar o mínimo possível, conforme ordenamos, e o que é ainda pior, tem agido individualmente, obcecado por sua vingança.

— Uma vingança pessoal — disse o Barão — muito embora tenha lhe dito várias vezes que ele deixou de pertencer a si mesmo, quando aquiesceu em ser meu discípulo.

— Todo discípulo pertence à Ordem e não pode ter vontade própria, ou tomar deliberações pessoais.

— De pleno acordo, Mestre.

— Se o discípulo contraria esta regra, tem que sofrer as conseqüências de seus atos. Eu já lhe comuniquei meus planos futuros, Barão. Foram previsões baseadas, com muito cuidado, em detalhes que postos em ação seguiriam normalmente o seu curso, dando os resultados que esperávamos. Vem agora o imbecil do Rudgero e põe tudo a perder, por um capricho pessoal que ele chama de sua vingança — e Kalykási exaltou-se ao final.

O Barão procurou acalmá-lo.

— Talvez ainda se possa consertar tudo.

— Consertar como? Diga-me! — e sem esperar resposta continuou: — Você é também responsável, pois afinal é o Mestre desse discípulo.

O Barão Ratzinger não soube o que responder, ficou calado e agüentou firme a admoestação.

— Um Mestre não é para ser obedecido? — perguntou Kalykási, ante a mudez do Barão.

— É, Mestre.

— E então?

— Eu sei que falhei, Mestre. Fui ingênuo ao pensar que Rudgero tinha grandes possibilidades. Sempre acreditei que ele tinha tudo para ser um verdadeiro Mago.

— Mas não foi.

— Peço perdão, Mestre.

— Você sabe melhor que ninguém, Barão, que como chefe de nossa Ordem não admito falhas, sejam pequenas ou grandes!

— Diga-me, Mestre, que posso fazer para reparar esse erro?

— Muito pouca coisa.

— Será que não existe nada que eu possa fazer? — E o Barão procurou dar ao seu tom de voz e suas palavras aparência de grande humildade.

A atitude de Ratzinger acalmou um pouco o irritado Kalykási.

— Veja bem a situação: Masteros está fora de nosso controle, por culpa exclusiva de Rudgero. Com esse nada mais se pode fazer. Theodoro, no segundo subplano astral, ainda envolvido em seus próprios efeitos, não pode ser no momento manipulado por nós. O tal juiz e seu amigo médico, para não falar na moça Selene, estão sob a proteção do Irmão T... e um seu discípulo, que para mal dos pecados ainda é padre. Logo... — e Kalykási suspendeu os ombros, querendo com isso significar que nada podia ser feito.

— Mas, Mestre, Rudgero não podia fazer nada para impedir a intromissão do Irmão T...

— Você ainda defende este incompetente?

— Não estou defendendo, estou...

Foi interrompido de maneira brusca por Kalykási.

— Está sim! Se seu discípulo idiota tivesse ficado trabalhando no astral como mandei, não teria ficado a descoberto no plano físico. O que ele conseguiu, agindo contra nossa Ordem, foi despertar a atenção de nossos inimigos. Ratzinger, você tem que concordar comigo, foi uma atuação irresponsável, intempestiva, imbecil e sem a menor precaução.

— E o que podia fazer com Theodoro?

— Já tinha feito e devia se dar por satisfeito. Depois dos resultados obtidos, se tivesse agido no mundo astral, com o auxílio dos quatro discípulos que habitam este plano dirigidos por você, e com os outros seis sob o meu comando, Theodoro já estaria sob o nosso domínio e os outros, o juiz, o médico e a moça também. Mas não, quis agir sozinho e pior ainda, no mundo físico. Só podia dar no que deu.

— Mas nem tudo está perdido, Mestre — contemporizou o Barão. — Talvez ainda reste alguma coisa que possa ser feita.

— Estou cansado de tanto talvez! Quero, exijo certezas! Quanto a fazer alguma coisa, podemos ou não! Não sei! Preciso pensar! Perdemos tempo demais!

O Barão, vendo que seu Mestre estava irritado, deixou-o falar, sem interromper. O outro continuou, um pouco mais calmo: — O grande erro foi deixar Rudgero comandar esta operação. Outra coisa — disse Kalykási mudando subitamente de assunto, o que era seu costume — esse imbecil de seu discípulo já dissolveu mesmo a sílfide artificial que criou para os seus propósitos?

— Já, Mestre, eu pessoalmente dirigi com ele esta operação.

— Ainda bem, pois este artificial agora só seria mais um estorvo para nós.

— Mas voltando aos graves assuntos. O senhor acha, Mestre, que perdemos tempo e agora nossa ação está muito difícil?

— Claro, Barão, agora temos pela frente um Mestre da Confraria Branca e você sabe tão bem como eu que não podemos enfrentá-lo. Nossa ação tem que ser indireta. Temos que agir na sombra, para que não tenhamos um resultado funesto.

— Não existe então nenhuma esperança?

— Quanto à moça Selene, talvez! Ela foi o único caso em que Rudgero trabalhou bem. Os outros acho muito difícil, para não dizer impossível!

— Não podemos, como último recurso, mandar nossos discípulos no astral agirem contra Theodoro? Eu teria prazer em comandar esta operação. Afinal, como o senhor mesmo diz, sou responsável pelo erro cometido por Rudgero.

— Não, não faça nada! Existem vários auxiliares invisíveis, comandados por um discípulo adiantado da Confraria Branca, cuidando dele. Não seria conveniente para nós.

— E o que faremos com Rudgero?

Kalykási tomou uma expressão maligna. Seus olhos oblíquos se injetaram de sangue e a boca torceu-se num ríctus mau. O Barão Ratzinger, fitando aquele rosto contraído de maldade, recuou na sua poltrona.

— Deve ser eliminado — disse num tom seco, despido de qualquer sentimento ou emoção.

— Morto?

— Sim, Barão, deve deixar o mais rápido possível o plano físico.

— Que vantagem teremos com ele em corpo astral?

— Será, meu caro Barão — disse Kalykási adoçando a voz — que você não alcança onde quero chegar?

— Desculpe, Mestre, mas não estou entendendo. Ele ficar livre no mundo astral, me parece, não é nenhuma punição. Ou estou errado?

O outro riu. Uma risada desarmônica, estridente, que conseguiu arrepiar a pele do Barão que, embora fosse tão mau e diabólico como seu superior, estremeceu amedrontado.

— Rudgero vai aprender por toda a eternidade o que é contrariar uma ordem dada por mim.

— O que vai fazer, Mestre? — perguntou o Barão ainda amedrontado.

— Ele vai ser eliminado, vai ter mais do que uma morte, que será súbita e depois... — e deixou suspenso no ar o resto da frase.

O Barão, inquieto, se moveu na poltrona e sem piscar um olho, atento, esperou o Mestre completar o seu pensamento. Um suor frio desceu por sua coluna. Embora acostumado com todas as maldades, ainda não podia, nem de leve, se comparar ao seu satânico chefe.

— Depois — continuou Kalykási com toda calma — no astral ele vai perder a alma.

— Não, Mestre, não faça, eu lhe imploro!

— Faço, Barão.

— A perda da alma pode ser feita através da magia?

— Pode.

— E como é feito, Mestre?

— Isto é um segredo que não posso revelar. Foi a mim confiado pelo grande mago Atlante, Oduarpa. Um discípulo despreparado — continuou Kalykási, como se conversasse trivialidades — que convive com o mal a vida inteira e não sabe como equilibrar os veículos inferiores com os superiores, cai por este motivo na negação e aniquilação. Nós, os Irmãos da Sombra, precisamos a cada dez atos negativos praticar um positivo, equilibrando assim nossos veículos.

A perda da alma, a que Kalykási se referia, consiste no rompimento do laço que une os veículos inferiores com os superiores. Quando a personalidade ou homem inferior, o quaternário, está dominada inteiramente pelos desejos e paixões, a mente concreta fica inteiramente escravizada e não pode desprender-se quando ocorre a chamada morte física, a tal ponto que o vínculo entre o mental inferior e o superior, o fio de prata que une estes dois veículos, se rompe partido em dois, ou seja, separando o quaternário inferior, a personalidade, do ternário superior, o Eu verdadeiro. Este fenômeno, embora raro, se chama em Ocultismo de perda da alma.

Quando se observa este caso, é porque durante a vida física, a vida terrena, o quaternário inferior já estava se separando lentamente, gradativamente, do ternário superior. Por meio de práticas abjetas e grande perversidade de ação, fica o homem então dividido em dois. Um o ternário no seu próprio plano, o outro um bruto sem entranhas, malévolo e cruel, possuidor de uma mente, que se torna ainda mais perigoso que um animal não evoluído, humano na forma, porém de natureza bestial, isento de qualquer sentimento. Este elemental humano é uma entidade de terrível potência, com a peculiaridade de não poder mais encarnar no mundo dos vivos. Ele vaga pelo astral sem rumo, repleto de malignidade deliberada, até que esta força maligna de que é possuído se desgaste, perecendo. Desprendido da fonte da vida, se desintegra, tornando-se perdido como existência separada.

Este procedimento de Kalykási, ajudando através da magia negra na criação de um elemental humano, atingiria dois objetivos. Primeiro a punição ao discípulo rebelde e segundo, o pleno domínio no plano astral desta entidade, que seria cotidianamente vivificado por ele.

— Quando, Mestre, se dará esta... esta morte?

— Eu cuido deste caso pessoalmente — disse Kalykási levantando-se.

— Quanto a mim? — perguntou o Barão, também se levantando e acompanhando seu Mestre até a porta.

Encarando-o, Kalykási respondeu de modo frio e impessoal: — Barão Rudolph Albert Von Ratzinger — disse, dando o nome completo do outro — depois veremos. Por ora, saia em astral, pois lá conversaremos.

A porta se fechou e Ratzinger ficou em pé no meio do salão, a mente povoada de apreensões.

Capítulo 13

Selene já fizera cinco sessões de passes magnéticos conjugados com a cromoterapia, administrados por Ângelo. Depois que padre Francisco retirara do dedo da moça o anel imantado por Rudgero, Selene estava muito mais calma, não apresentando mais nenhuma crise, porém passava a maior parte do dia sonolenta, quase apática, o que preocupava muito seus pais, muito embora padre Francisco, que acompanhava as sessões de passes, dissesse que já esperava este comportamento e que tudo caminhava da melhor forma possível. Carlos Augusto, muito paciente e compreensivo, além de acompanhar seu amigo Ângelo nos dias de passes, passava o maior tempo possível ao lado da noiva, cercando-a de cuidados e carinhos.

Foi no dia seguinte à quinta sessão de passes, à noite, depois de padre Francisco haver tomado sua habitual sopa de legumes, feita a capricho por Marieta, que o prelado recebeu aquela visita.

O sacerdote lia em seu quarto, quando ouviu com os ouvidos etéricos soarem suas tão conhecidas campainhas sonoras. Quase que de imediato, o Irmão T... estava materializado em sua frente.

Esta técnica que os Mestres usam para materializar um corpo físico denomina-se mayavirupa, que literalmente significa corpo de ilusão. É um corpo temporário, que pode ou não parecer com um corpo físico, pois a forma dada a este mayavi-rupa é a adequada ao propósito para que foi criado. A grande vantagem deste corpo de ilusão, embora quem o produz gaste uma grande soma de energia, é que pode ser compacto e sólido. Não está sujeito às ilusões do plano astral e quem o fabrica pode passar instantaneamente do plano mental ao astral e vice-versa. A materialização astral só é conveniente e necessária quando se destina a ser vista por entidades que ocupam este plano. Pelo poder da vontade um Mestre pode também projetar seu corpo astral à distância que queira e depois adensá-lo, formando um corpo de estrutura densa.

— Paz no seu coração — disse o Irmão T..., juntando as palmas das mãos em frente ao peito.

— Paz a todos os seres — respondeu o padre, fazendo o mesmo gesto.

— O drama arquitetado pelos Irmãos da Sombra caminha para seu desfecho — e o Irmão T... entrou direto no assunto, sem qualquer preâmbulo.

Padre Francisco, interessado, perguntou: — Que devo fazer, Mestre?

— Já fez sua parte, meu filho; não podemos e não devemos intervir no destino dos homens.

— Atuar sem atuar, foi o que aprendi.

— Exatamente, meu filho.

— O senhor acha que Selene, livre da influência do mago Rudgero, cumprirá o resto de sua passagem pelo plano normalmente?

— Infelizmente não.

— Eu pensei, Mestre, que liberta das cadeias que a prendiam ao mago negro sua evolução prosseguiria sem mais problemas.

— Mas estas cadeias já não existem mais. Selene está livre de Rudgero.

— Está?

— Sim, meu filho, o mago está morto. — Morto! — exclamou o prelado, curioso. — Através de práticas mágicas nefandas, o mago Kalykási tirou-lhe a vida física e o transformou em um elemental humano.

— A perda da alma — disse o padre, penalizado.

— Sim, meu filho.

— Que pretende usar no astral para seus fins ignóbeis. Que Deus tenha piedade de sua alma perdida — e o sacerdote persignou-se.

— Que assim seja — respondeu o Irmão T...

Houve um minuto de silêncio entre Mestre e discípulo.

— Resolvido este problema, aliás de forma bem triste, podemos tratar melhor da menina Selene e do juiz Carlos Augusto disse padre Francisco.

— Conforme já disse, meu filho, deixemos que os fatos ocorram normalmente, sem nossa intervenção.

— Não pretendia intervir, Mestre, apenas ajudar os dois com meu conforto espiritual.

— O futuro já se encontra escrito nos arquivos da natureza.

— E o que diz, Mestre?

O Irmão T... ficou calado por um momento, antes de responder. Parecia entristecido, pois passou pelo seu belo rosto uma sombra fugaz.

— Não podemos, meu filho, fazer mais nada. A lei do carma é sábia e ao mesmo tempo inexorável. Mas eles — e elevou os olhos para o alto — os grandes dirigentes, sabem bem melhor do que nós o que é necessário para a evolução de uma alma.

— Que se cumpra a lei — disse padre Francisco. — E o que vai acontecer com essa pobre moça?

— Foi justamente por este motivo que vim. Você, meu filho, e o irmão Ângelo já fizeram o que podia ser feito, sem intervirem no seu carma. E, creia, foi um belo serviço, por isso agora os dois estão libertos, liberados desse compromisso, dessa caridade.

— O que o Mestre determina?

— Esperar, orando e vigiando, mais nada. O desfecho deste drama ainda não chegou ao seu final e quando isso acontecer eu entrarei em contato novamente. Quanto à moça Selene, é interessante que saiba que seu Ego está rejeitando os seus veículos inferiores. Foi uma encarnação anormal, contrária aos mecanismos perfeitos da natureza. Você, meu filho, e Ângelo conseguiram tornar passiva a mente de Selene, capaz de aprender as lições de amor que Carlos Augusto tem ministrado, inconsciente deste magno serviço. O conjunto desta forte corrente amorosa feita por vocês, somado à de seus pais, propiciou através da passividade da mente, daí seu estado sonolento, um armazenamento nos seus átomos permanentes, de um aprendizado importante para sua futura encarnação. Por esta rejeição do Ego e para normalizar de vez o entrelaçamento dos seus veículos, nesta vida frouxos, é absolutamente necessário que Selene desencarne o mais cedo possível.

— Morrer?

— Ninguém morre, meu filho, apenas muda de estado de consciência. Você sabe melhor que ninguém dessa verdade.

— Perdão, Mestre, por um momento a emoção tomou conta da minha razão.

— A emoção é o último laço que se perde na estrada da evolução espiritual.

— Compreendo, Mestre.

— Assim, meu filho, muito em breve Selene deixará o mundo dos vivos.

— E o que será de Carlos Augusto?

— Já disse que este drama ainda não chegou ao seu final. Num futuro não muito distante, você, meu filho, irá desembaraçar esta teia que enredou várias almas.

— E quanto aos magos, Kalykási e o Barão Ratzinger?

— Não queira desvendar o futuro como uma pitonisa qualquer. Porém — disse, dando um sorriso de compreensão — pela ordem natural das coisas, pela lei exata do Universo, a lei do carma, aquele que causa colhe o efeito. Logo, os dois sabem perfeitamente o que os espera.

— Mesmo assim insistem no mal, insistem em se colocar no lado errado?

— O bem e o mal, meu filho, no dia "de nós outros", no dia em que o homem não disser mais eu, mas somente nós, estes antípodas desaparecerão para sempre.

— Jamais o mal poderá vencer o bem — disse o sacerdote, pensativo.

— Você o disse. Deixe que o mal se destrua pelo próprio mal. Porém, é de grande importância, nem eu nem ninguém que milita na boa lei tem o direito de intervir, de destruir, sequer atingir por atos, palavras ou pensamentos os agentes da mão esquerda.

— Quando se dará o desencarne de Selene? — perguntou o padre, depois de alguns momentos de reflexão, analisando as palavras sábias do Mestre.

— Daqui a sete dias, a partir de hoje.

— Devo comunicar este fato a Ângelo?

— A ninguém, meu filho, porém deixe que ele prossiga com os passes magnéticos.

— Que os auxiliares invisíveis do plano guiem e encaminhem essa pobre alma — disse padre Francisco, contrito como em oração.

O Mestre deu as últimas instruções ao seu discípulo e depois, o abençoando, despediu-se.

— Continue suas práticas e exercícios, breve estaremos

juntos novamente — e piscando um olho divertido, de vez que, contrariando o que a maioria das pessoas pensam a respeito dos Mestres, julgando-os sérios e carrancudos, o Irmão T... era muito bem-humorado, disse sorrindo: — Guarde a curiosidade no fundo de sua alma, meu filho, e espere com paciência a conclusão desta triste história. Paz em seu coração.

— Paz a todos os seres — respondeu o prelado.

O Mestre desfez seu corpo provisório. Um perfume intenso de jasmim permaneceu no quarto de padre Francisco.

Capítulo 14

— Satisfeita agora? — perguntou Ricardo Bonina para Madalena, que como sempre dedicava-se ao seu infindável tricô.

A outra ergueu os olhos para Ricardo, enquanto com mãos nervosas manipulava a linha.

— Será que ainda demora muito? — perguntou, sem responder a pergunta anterior.

— Já, já, você vai ser avó. Avó postiça, é claro, mas garanto que muito melhor que algumas avós verdadeiras — disse, passando carinhosamente as mãos pelo ombros de Madalena.

— Essa espera me mata — resmungou. — Onde anda Carlos Augusto?

Era a décima vez que Madalena, muito aflita, fazia essa pergunta. O outro, mais aflito ainda, repetiu o que já dissera anteriormente, sem parecer notar que as mesmas perguntas se repetiam.

— Lá dentro do quarto.

— Para que esse menino quis ver o parto da mulher? Havia necessidade?

— Ele quis, que se pode fazer? Padre Francisco, que também pediu para ajudar Ângelo, está lá dentro.

— Com o padre ajudando fico mais tranqüila — disse Madalena desmanchando a carreira de tricô.

— Não sei por quê. O padre, pelo que me consta, não é médico, muito menos parteiro.

— Mas é santo e pode auxiliar muito bem nas orações — replicou a governanta.

Ricardo, muito nervoso, começou outra vez a andar de um lado para outro.

— Por favor, Doutor Ricardo, sente. O senhor assim me põe mais nervosa do que já estou.

Ricardo, sem uma palavra, sentou-se, mas logo em seguida se levantou e começou novamente a deambular pela sala.

— Meu Deus! Quanta demora!

— Já perdi a conta das carreiras que errei — disse Madalena, colocando o tricô numa mesinha ao seu lado e começando a rezar.

Haviam se passado cinco anos. Depois da morte de Selene, um choque muito grande para o jovem juiz, desenlace que custou a ele três dias de cama, com um forte distúrbio nervoso, tais os lances dramáticos e dolorosos que presenciou ao lado da noiva, até a triste hora de sua partida, a vida continuou e pouco a pouco Carlos Augusto compreendeu, após longas conversas com Ângelo, que o tempo todo ficou ao seu lado, e com padre Francisco, que o ajudou bastante, redundando deste convívio uma grande amizade, que ninguém morria realmente, apenas mudava de estado de consciência.

Carlos Augusto afundou-se no trabalho, bálsamo conveniente para esquecer, sua mocidade e energia de vida fizeram o resto e depois de um ano passado o juiz era quase o mesmo de antes. Somente a saudade de Selene vez por outra vinha perturbar seu estado de equilíbrio e serenidade.

Já haviam transcorrido quase dois anos da morte de sua noiva, quando outro sentimento veio completar a cura completa do juiz. O amor chegou de repente na figura de uma jovem professora, moça altamente espiritualizada, que passou a ser sua companhia constante. Um dia, Carlos Augusto compreendeu que era mais do que uma amizade o que o prendia a Luciana e o amor entre os dois foi inevitável. Luciana era a mulher que queria por esposa. Namoro e noivado quase se confundiram, pois nem bem haviam passado seis meses já estavam casados e quando completaram três anos de vida em comum, Luciana já esperava o primeiro filho. Madalena apaixonou-se à primeira vista por Luciana e Ricardo, sempre cordato, viu nesse casamento o ideal para seu afilhado, rejubilando-se com a nova vida de Carlos Augusto.

Naquele dia festivo no sítio Primavera, outrora palco de tristes acontecimentos, Carlos Augusto, Ângelo e padre Francisco já por duas horas estavam no quarto do casal, esperando a hora do nascimento do herdeiro. Tinha sido vontade do juiz e esposa que o filho nascesse no sítio, de vez que Ângelo, que acompanhara a futura mãe desde o início da gestação, dissera que não havia o menor empecilho para que o parto fosse feito em casa. Uma semana antes, fizera um exame em Luciana e verificara que a criança estava bem e em posição normal, por isso declarara, examinando as radiografias, que não havia o menor perigo e que seria um parto natural, sem qualquer complicação.

O choro forte de uma criança penetrou na sala de estar, impulsionando como uma mola Madalena e Ricardo, que rápidos correram para o quarto.

— Uma menina linda, padrinho! Olha! Mãezinha! — exclamou Carlos Augusto, mal os dois entraram, sorrindo de felicidade.

Ângelo segurava a criança, examinando-a, enquanto padre Francisco segurava a mão de Luciana, que feliz olhava enlevada para a filha.

O regozijo tomou conta de todos naquela casa e foi algum tempo depois, quanto tudo havia voltado ao normal, que Carlos Augusto, já na sala de estar, segurando a taça de champanha que Ricardo abrira para comemorar, perguntou ao prelado:

— Padre Francisco, eu esperava um menino, Luciana também. Pedimos até a Ângelo que não nos dissesse o resultado da ultra-sonografia. Queríamos ter a surpresa e se fosse o que esperávamos pôr o nome do meu padrinho, Ricardo, mas como Deus nos abençoou nos dando uma menina, qual o nome que devo dar a ela?

— O nome que você achar mais adequado — respondeu o sacerdote.

— Quero que o senhor escolha, afinal devo minha felicidade ao senhor, portanto nada mais justo que o senhor dê o nome à menina, pois além de padrinho, o que já está decidido por mim e Luciana, o senhor ainda vai batizar a menina.

— Mas eu não fiz nada, meu filho, não mereço tanta honra.

— Merece sim, padre Francisco, eu sei o quanto o senhor merece — disse Ângelo.

— E então, padre... o nome — e Carlos Augusto aguardou.

— Acho que falo por todos aqui — disse Ricardo — qual o nome que o senhor escolhe?

O prelado parecia escutar alguma voz vinda do alto, pois custou a responder, parado, cabeça levemente voltada para cima. Depois de muito tempo de espera, o que para todos, ansiosos, pareceu um século, Francisco voltou à Terra.

— Por que não Cyrne? — e deu um sorriso.

— Seja — disse de pronto o juiz. — Minha filha vai se chamar Cyrne.

— E será uma menina linda e muito feliz — atalhou Ângelo.

— Se Deus quiser — disse Ricardo abraçando Madalena.

— E Deus sempre quer — completou o prelado, enlevado

com a presença invisível de seu Mestre.

Um perfume forte de jasmim, sentido por todos, invadiu a sala, depois o sítio Primavera inteiro.

Este é um livro sobre o bem e o mal; a eterna luta entre a luz e as sombras. Durante milhares de anos, a humanidade se acostumou a culpar agentes externos por seus males, exatamente como está fazendo neste momento em que a transição se aproxima e tragédias naturais eclodem por todo o planeta. Mas ela própria traçou o seu destino, enveredando muitas vezes pelo caminho do mal. Ao criar organizações secretas, sob fachadas empresariais, instituições religiosas que chafurdam na lama, por causa do fanatismo inconseqüente de seus sectários, acabou colaborando com o trabalho silencioso dos dirigentes das trevas. Este livro intrigante e realista traz à tona as atividades de uma dessas organizações que pretende reunir a humanidade em torno de uma mesma cartilha maligna e subserviente, pregando inclusive a inexistência de vida fora da Terra. Muitas experiências são transmitidas pelos personagens; porém a mais importante talvez seja a que revela a existência de Shamballa, cidade astral onde está instalada a Grande Fraternidade Branca, que dirige os desígnios do planeta. A obra mostra ainda, em detalhes fascinantes, a interação de seres extraterrenos com um grupo de terráqueos de mentes abertas, e, ao contrário do que a maioria dos filmes mostra, esses ETs são seres superiores que pretendem ajudar a impedir a destruição do homem por si próprio. Babajiananda, mestre espiritual que pertence à essa fraternidade, se deixa conhecer sutilmente durante a trama e nos oferece uma bela lição de amor e sabedoria.

Um Anjo está nas Ruas

ROGER FERAUDY

Formato 14 x 21 cm • 224 p.

Um misterioso contador de histórias alvoroça uma pequena cidade do interior com sua presença. Apareceu não se sabe de onde, vagueando sem destino certo, e ficou. Todos os dias era visto na praça, gestos calmos, a deambular de um lado para outro, mastigando lentamente um pão seco, e depois apenas um copo d'água. Pouco a pouco foi sendo notado, e acabou se tornando um grande mistério para a comunidade. Quem era ele? Um bandido foragido? Um vadio? Um mendigo? Não se sabia! Ninguém o via esmolar. Com sua voz terna e bem modulada, atraía a criançada com singelas e sábias historinhas, que acabaram por questionar os valores daquela sociedade.

Neste livro, *O Contador de Histórias*, o autor Roger Feraudy reconta, através da figura lírica de João Só, as lições transmitidas por seu mentor espiritual, Pai Tomé, ao longo de cinqüenta anos de trabalho mediúnico, àqueles que buscavam o consolo de suas orientações fraternas. Desvendar-lhes o sentido e o recado agora é tarefa do leitor.

O Contador de Histórias

ROGER FERAUDY

Formato 14 x 21 cm • 128 p.

Umbanda, essa Desconhecida tornou-se, ao longo de duas décadas, uma obra básica de referência para os estudiosos da umbanda, e retorna agora revista e ampliada.

O sábio mestre oriental Babajiananda (Pai Tomé) desvendou aqui, pela primeira vez, as desconhecidas origens ancestrais do culto Aum-Pram, da velha Atlântida, e seu ressurgimento no Brasil, por determinação dos dirigentes planetários — fundado, em 1908, pelo caboclo das Sete Encruzilhadas.

De forma clara e didática, são revistos conceitos fundamentais ainda pouco compreendidos da temática umbandista: que são, na verdade, os orixás, e o que significam seus nomes originais? Como operam as linhas de umbanda? Quem são os seus médiuns? O que é um babá, um babalorixá? O que é magia? Afinal, o que são exus? Qual é a estrutura oculta das falanges de umbanda? Traz orientações sobre as práticas, como oferendas e despachos, pontos cantados e riscados, guias, banhos de ervas, a estruturação de um centro, criação de um gongá, obrigações, desenvolvimento e iniciações dos médiuns etc.

O extraordinário diferencial desta obra é a desmistificação dos pretensos ***mistérios***, das práticas descabidas e dos comportamentos mediúnicos e crenças inconsistentes, subproduto da desinformação.

Embasada nos milenares conhecimentos esotéricos, mas temperada pela simplicidade amorável dos terreiros, dela surge uma umbanda luminosa, baluarte da Espiritualidade Maior planetária.

Umbanda, Essa Desconhecida
ROGER FERAUDY
Formato 14 x 21 cm • 288 p.

Qual a razão de ser o povo brasileiro tão místico e psíquico, com essa familiaridade natural com o Invisível, e um celeiro de faculdades mediúnicas — o país mais espírita do mundo, berço da umbanda, e rico em todas as correntes espiritualistas? Por que essa noção coletiva de país predestinado?

É o que a fantástica revelação deste livro explica, por meio da consulta aos registros invisíveis autênticos. A história ancestral da Terra das Estrelas — o Brasil — e da América do Sul é o que desvenda as raízes espirituais do povo brasileiro, e seu destino de nação líder da espiritualidade da Nova Era.

Uma avançada civilização, desenvolvida pelos mestres extraterrenos da Lemúria e Atlântida, semeou no território brasileiro, em era remota, as magníficas cidades do Império de Paititi, Itaoca e Ibez, e da Terra das Araras Vermelhas. Essas culturas fizeram evoluir as raças então existentes, pela manipulação genética, e desenvolveram seus poderes psíquicos. Com isso, foram preparadas, no inconsciente desses egos — nós! —, as sementes da nova raça futura do Terceiro Milênio.

O autor retira da sombra dos milênios um universo vivo e colorido de cenários, costumes, civilizações esquecidas, povoadas de personagens fascinantes, alguns sobrevivendo nos mitos americanos, cujas lutas, amores, paixões, crimes e heroísmo, mergulhos na sombra e árduas ascensões tecem uma narrativa que prende o leitor da primeira à última página, pela fascinação dessas histórias ancestrais de que nós, povo da Terra das Estrelas, fizemos parte um dia.

Baratzil

ROGER FERAUDY

Formato 14 x 21 cm • 336 p.

Herculanum é mais um dos clássicos da literatura rochesteriana, tão apreciada por um enorme público — espiritualista ou não. Com seu estilo peculiar, Rochester escolhe como palco o glorioso Império Romano, à época de sua encarnação como Caius Lucilius, no primeiro século da era cristã, descrevendo com maestria o cenário e os costumes dos habitantes da antiga cidade de Herculanum que, juntamente com Pompéia, é destruída pelo Vesúvio no ano de 79 d.C. Numa narrativa envolvente, relata os laços de simpatia e animosidade que o ligam a familiares, amigos e companheiros de antigas jornadas, os quais, durante várias existências, caminham juntos em busca do progresso espiritual. E a grande surpresa: teremos o prazer de conhecer a trajetória espiritual de Allan Kardec — presente nesta obra através do venerável Pai João — e seu encontro com o amado mestre Jesus.
Ter acesso a esta brilhante obra histórica, é, além de viajar no tempo acompanhando Rochester em sua caminhada, desfrutar de valiosas lições sobre a verdadeira importância do amor e do perdão.

Herculanum
J. W. ROCHESTER
Formato 14 x 21 cm • 352 p.

CYRNE, HISTÓRIA DE UMA FADA
foi confeccionado em impressão digital, em junho de 2021
Conhecimento Editorial Ltda
(19) 3451-5440 — conhecimento@edconhecimento.com.br
Impresso em Luxcream 70g. – StoraEnso